Rubberband Magic

Lucy Hopping

Rubberband Magic

35 coole Loom-Ideen

CV

Inhalt

Einleitung 6
Werkzeug & Material 8
So wird's gemacht 13

Kapitel 1

Ganz einfach! 18

Kinderleicht 20
Zweierreihen 23
Über Kreuz 26
Ein mal Drei 29
Fischgräten-Muster 32
Doppelkreuz-Armband 34
Totempfahl-Armband 37
Nadelstreifen-Armband 40
Kette und Armband weiß umschlungen 42
Irokesen-Armband 45
Konfetti-Armband 48
Drachenschuppen-Armband 50

Erstveröffentlichung in Großbritannien
unter dem Titel „Rubber Band Bracelets",
bei CICO Kidz, einem Imprint
von Ryland, Peters & Small
519 Broadway, 5th floor, New York NY 10012
20-21 Jockey's Fields, London WC1R 4BW

Redaktion: Sarah Hoggett
Layout: Louise Turpin und Alison Fenton
Illustration: Louise Turpin
Fotografie: Terry Benson
Styling: Rob Merrett

Für die deutsche Ausgabe:

ISBN 978-3-8388-3589-1
Art.-Nr. 3589

Übersetzung: Wiebke Krabbe
Lektorat: Elisabeth Hensle
Covergestaltung und Satz: GrafikwerkFreiburg

Printed in China

Kapitel 2

Raffiniert! 54

Schmetterlings-Armband 56
Sternen-Armband 59
Gedrehtes Armband 62
Pfeil-Armband 65
Wellen-Armband 68
Kaleidoskop-Armband 70
Ährenzopf-Armband 74
Schlangenkette 76
Zacken-Armband 79
Herz-Armband 82
Panzerketten-Armband 86
Marienkäfer & Bienen 88

Kapitel 3

Tolle Accessoires 92

Namens-Anhänger 94
Haarreif mit Zacken 96
Blumen-Haarspangen 98
Haarschleifen 100
Schmetterlings-Ring 103
Cupcake-Ohrclips 106
Männchen-Anhänger 108
Schmuckset mit Blumen 112
Pudel-Anhänger 116
Mini-Tasche 120
Uhren-Armband 124

Adressen 127
Register 127
Dank 128

Einleitung

Gummiband-Schmuck ist der neueste Trend. Wohin man schaut, sieht man Menschen mit kunterbunten Armbändern. In diesem Buch findest du 35 tolle Ideen, Schritt für Schritt erklärt und mit vielen Abbildungen veranschaulicht und dazu noch jede Menge Vorschläge für deine eigenen Entwürfe.

Lies zuerst das Technik-Kapitel. Dort lernst du, wie du einen Loom selbst basteln kannst, welche Materialien du brauchst.

Dann kannst du mit den Armbändern in Kapitel 1 loslegen. Sie sehen cool aus, sind aber einfach zu basteln und schnell fertig. Wenn du mehr Übung hast, versuche dich an den Modellen in Kapitel 2. Dafür brauchst du einen größeren Loom. Im letzten Kapitel findest du Anleitungen für Ohrclips, Schlüsselanhänger und andere tolle Accessoires.

Der Rubber Bands-Trend entstand in den USA. Der Unternehmer Cheong Choon Ng schaute seinen Töchtern zu, die Armbänder aus Gummis bastelten. Er baute ihnen einen Loom, mit dem sie raffiniertere Modelle gestalten konnten. Bald darauf begann er, diese „Rainbow Looms" in seiner Firma herzustellen. Seitdem sind verschiedene andere Looms auf den Markt gekommen, und der Rubber Band-Virus hat alle angesteckt.

Es macht Spaß, gemeinsam mit Freundinnen zu knüpfen und sich gegenseitig bei neuen Modellen zu helfen. Probiere es mit Gummibändern in verschiedenen Farben aus: Jedes Mal entstehen neue, einzigartige Schmuckstücke, die du selbst tragen oder einer guten Freundin schenken kannst.

Also lies dir das Technik-Kapitel genau durch und entdecke ein neues Hobby, das dich so schnell nicht wieder loslassen wird! Es wird nicht lange dauern, bis die kleinen, bunten Gummibänder alle Ecken und Winkel deines Zuhauses erobert haben.

ACHTUNG! Aus Sicherheitsgründen sollten Gummiringe von kleinen Kindern nur unter Aufsicht von Erwachsenen verwendet werden.

Werkzeug & Material

Für ganz einfache Armbänder brauchst du nicht mehr als deine Hände, ein paar Gummis und eine Klammer. Die meisten Modelle in diesem Buch werden aber mit einem Loom geknüpft. In diesem Kapitel erfährst du, welches Werkzeug du benötigst und wie es verwendet wird. Du lernst auch, wie du einen Loom selbst basteln kannst.

Looms

Die meisten Modelle in diesem Buch werden auf einem Loom geknüpft. Für das einfachste Armband (Seite 20) genügen deine beiden Hände und eine Häkelnadel. Auch der Schmetterlingsanhänger auf Seite 103 wird mit einer Häkelnadel geknüpft.

Am Anfang jeder Anleitung ist angegeben, wie groß dein Loom sein muss, in welcher Anordnung die Stifte eingesteckt werden und in welche Richtung die Pfeile auf dem Loom zeigen müssen.

Einen Loom basteln

Wenn du einen Loom selbst machen möchtest, brauchst du ein Stück Holz, ein Lineal, Nägel und einen Hammer oder Schrauben und einen Schraubendreher – und etwas Hilfe von einem Erwachsenen. Für die Projekte in diesem Buch brauchst du zwei Looms: einen in schräger Anordnung und einen in gerader Anordnung. Wenn du sie in der hier gezeigten Größe baust, kannst du alle Modelle in diesem Buch auf ihnen knüpfen. Du kannst aber auch mit einem kleineren Loom mit 3 x 13 Stiften beginnen.

Loom in gerader Anordnung

Du brauchst

(für einen Loom mit 26 x 6 Stiften)

Ein Stück Holz, 52 cm lang, 12 cm breit und 5 cm dick

Lineal und Bleistift

156 Nägel, 5 cm lang, und einen Hammer (oder 156 Schrauben, 5 cm lang, Handbohrer und Schraubendreher)

1 An einer Schmalseite mit Bleistift und Lineal auf jeder Seite einen Punkt im Abstand von 1 cm anzeichnen. Zwischen ihnen vier Punkte in Abständen von 2 cm anzeichnen. Insgesamt hast du dann sechs Punkte mit Abständen von 2 cm.

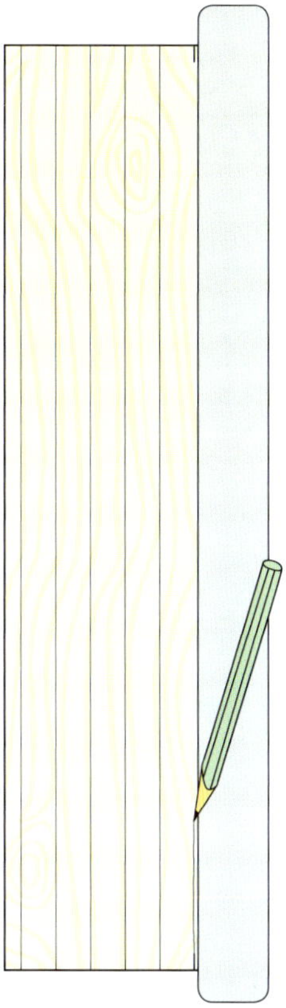

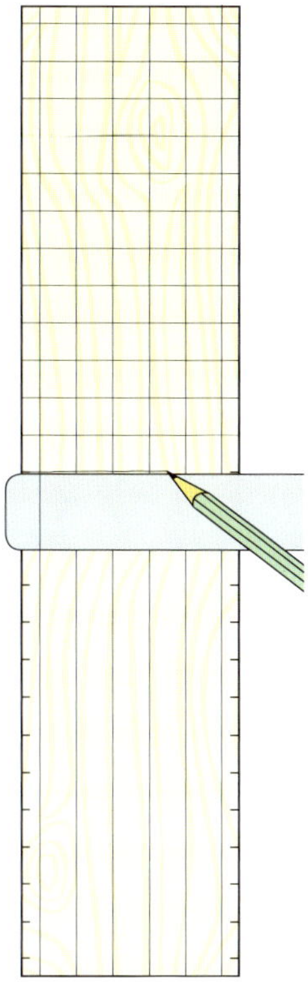

KLEINER LOOM MIT GERADER ANORDNUNG

Für einen kleineren Loom mit 3 x 13 Stiften muss das Holz 26 x 6 cm gross sein. Drei Punkte an jeder Schmalseite anzeichnen, 13 an jeder langen Seite. Verbinden und Nägel oder Schrauben befestigen, wie oben.

2 Wiederhole dies an der anderen Schmalseite. Dann verbinde die Punkte. Nun hast du sechs Striche, die in der Längsrichtung des Holzes verlaufen.

3 Jetzt werden an den langen Seiten Punkte angezeichnet: zuerst zwei im Abstand von 1 cm zu den Enden, dazwischen weitere Punkte in Abständen von 2 cm. Insgesamt sind es 26 Punkte. Wiederhole dasselbe auf der anderen Seite und verbinde die Punkte. Es müssen 26 waagerechte Linien sein. Auf den Kreuzungspunkten werden die Nägel oder Schrauben befestigt.

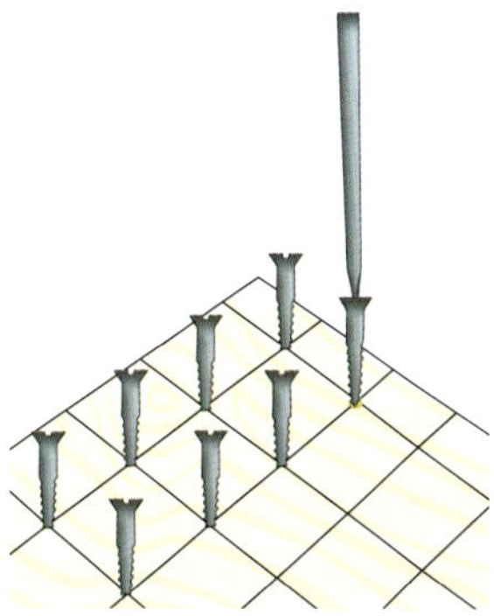

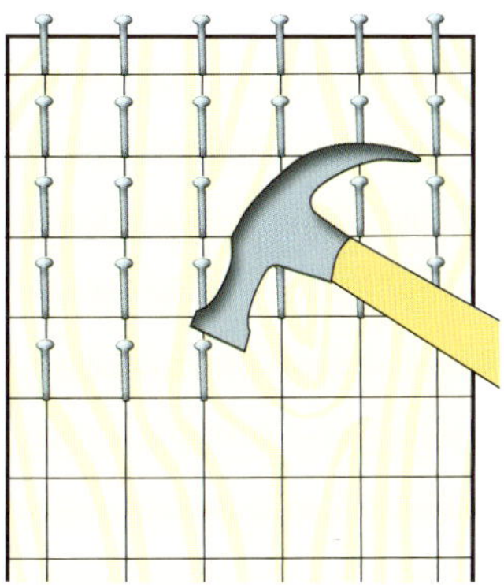

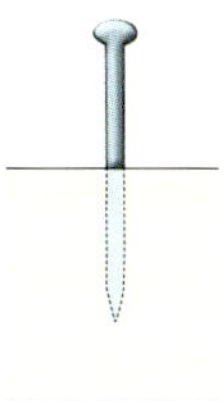

4 Schlage in jeden Kreuzungspunkt einen Nagel ein – schön gerade und etwa so tief, dass er zur Hälfte im Holz verschwindet. 2,5 cm schauen noch heraus. Lass dir am besten von einem Erwachsenen helfen.

5 Wenn du Schrauben verwendest, wird zuerst auf jeder Kreuzung ein Loch gebohrt. Das Loch muss etwas kleiner sein als der Durchmesser deiner Schrauben. Dann die Schrauben mit dem Schraubendreher in die Löcher drehen. Lass dir dabei ruhig helfen.

Loom mit schräger Anordnung

Du brauchst

(für einen Loom mit 26 x 6 Stiften)

Ein Stück Holz, 52 cm lang, 12 cm breit und 5 cm dick

Lineal und Bleistift

153 Nägel, 5 cm lang, und einen Hammer (oder 153 Schrauben, 5 cm lang, Handbohrer und Schraubendreher)

1 Beginne wie in Schritt 1 und 2 für den Loom mit gerader Anordnung auf Seite 8.

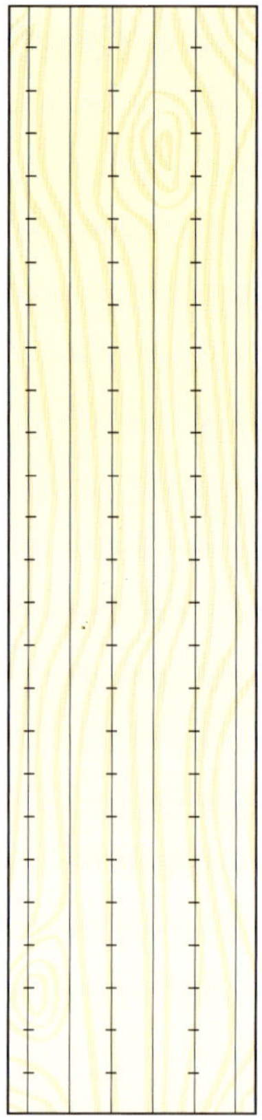

2 Auf der ersten senkrechten Linie einen Punkt in 1 cm Abstand zur Schmalseite anzeichnen, dann 25 weitere Punkte in Abständen von 2 cm. Insgesamt sind es 26 Punkte. Auf jeder zweiten Linie wiederholen.

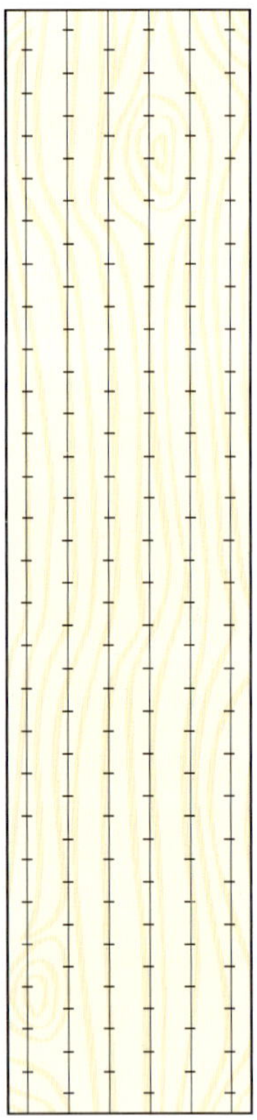

3 Auf der zweiten senkrechten Linie (und den übrigen noch leeren) den ersten Punkt in 2 cm Abstand anzeichnen, die weiteren Punkte ebenfalls im Abstand von 2 cm.

4 Jetzt Nägel oder Schrauben wie in Schritt 4 und 5 beim Loom mit gerader Anordnung befestigen.

Hinweis: Beim Knüpfen in schräger Anordnung ist es wichtig, dass der Loom richtig herum liegt. Darum solltest du am unteren Ende deines Looms Pfeile anzeichnen.

KLEINER LOOM MIT SCHRÄGER ANORDNUNG

Für einen kleineren Loom mit 3 x 13 Stiften muss das Holz 27 x 6 cm gross sein. Drei Punkte an jeder Schmalseite anzeichnen und 13 an jeder langen Seite. Verbinde die Punkte und befestige die Nägel oder Schrauben wie oben. Zeichne an ein Ende einen Pfeil oder säge das Holz spitz zu, damit du immer weisst, wo oben und unten ist.

Plastik-Loom

In Spielwaren- oder Bastelgeschäften kann man Looms aus Plastik fertig kaufen. Sie sind speziell für Rubber Band-Armbänder gebaut und ähneln einem Steckbrett: Die Stifte lassen sich herausnehmen und in gerader oder schräger Anordnung in die Grundplatte stecken – gerade so, wie du es brauchst. Die meisten fertigen Looms haben drei Reihen mit 13 Stiften. Wenn du einen Loom brauchst, der länger oder breiter ist, kannst du mehrere Plastik-Looms verbinden.

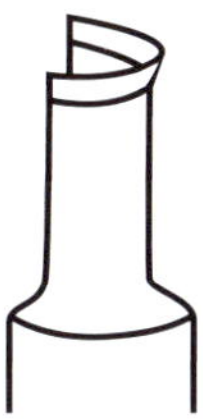

Von der Seite

Von oben

Die Stifte sind gewölbt und auf der Rückseite offen. Das ist praktisch, denn du kannst die Häkelnadel in diese Öffnung schieben und so ganz leicht die Gummibänder hinüberziehen.

Weiteres Zubehör

Außer dem Loom brauchst du eine stabile Häkelnadel, Gummibänder und C-Clips. Perlen oder kleine Anhänger als Verzierung kannst du auch gut gebrauchen. Um eine fertige Knüpferei zu benutzen, benötigst du außerdem Spaltringe, Ring-Rohlinge, Haarspangen oder Verschlüsse.

Häkelnadel

Im Bastelgeschäft bekommt man Looms meistens zusammen mit einer Häkelnadel aus Plastik. Wenn du den Loom selbst gemacht hast (oder wenn die Plastik-Häkelnadel zerbricht), kaufe dir eine Häkelnadel in Größe 4 mm aus Metall. Sie ist sehr stabil und wird auch bei Modellen mit viel Spannung, etwa dem Ährenzopf-Armband auf Seite 74, nicht verbiegen oder brechen.
Das breite Ende der Häkelnadeln, die zusammen mit dem Loom verkauft werden, eignet sich auch zum Spreizen der Stränge, wenn du sie in einer anderen Form verbinden willst, oder wenn du zwei oder mehr Looms zusammenfügen möchtest.

Gummibänder

Gummis zum Knüpfen gibt es in allen Regenbogenfarben, in Neon, Glitzer und Metallic. Manche sind durchsichtig, andere leuchten im Dunkeln und einige Arten duften sogar. Bei der Qualität gibt es Unterschiede. Billige Gummis reißen leicht, wenn man sie verbindet oder von den Stiften zieht. Das ist sehr ärgerlich. Am besten sortierst du deine Gummis nach Farben und bewahrst sie in Kunststoffboxen mit vielen kleinen Fächern auf. So siehst du auf einen Blick, welche Farben und Arten du hast und brauchst nicht lange zu suchen.

S-Clip C-Clip Verschluss

Clips

Klammern oder Clips aus Plastik brauchst du, um die letzten Schlaufen deines Projekts zu verbinden, damit sie nicht aufgehen. Es gibt S-förmige Clips, C-förmige Clips und Verschlussclips.

Verschlussclips gibt es in vielen Farben. Du findest bestimmt eine, die zu deinem Armband passt. S-Clips und C-Clips bestehen meist aus durchsichtigem Plastik. Sie sind fast unsichtbar und eignen sich gut für Anhänger.

Perlen und Anhänger

Du kannst als Extra-Verzierung Perlen und Anhänger in deine Knüpfereien einarbeiten. Perlen müssen ein großes Loch haben, damit man ein doppeltes Gummiband durchfädeln kann. Ich benutze am liebsten bunte Plastikperlen. Sie werden beim Auslegen auf dem Loom eingearbeitet. Mehr darüber auf der Seite gegenüber.

Anhänger für die Gummi-Knüpferei gibt es in vielen Formen, zum Beispiel Blumen, Figuren, Tiere und mehr. Sie bestehen aus Plastik, und ein Clip zum Befestigen am Armband ist schon dran.

Schmuckzubehör

Wenn du aus Anhängern und eigenen Knüpfereien Schmuck oder Accessoires machen möchtest, brauchst du Rohlinge für Ohrclips oder Ringe, Spaltringe, Schlüsselringe und andere Kleinteile. In Bastelgeschäften und Perlenläden findest du eine große Auswahl an Zubehör. Für Haarschmuck kannst du schlichte Haarspangen, Klemmen oder Zopfgummis verwenden. Es gibt sie in vielen Farben und Formen in Supermärkten und Drogeriemärkten – bestimmt auch passend zu deinen Gummis.

Klebstoff

Am besten lassen sich Knüpfereien mit Sekundenkleber oder einer Heißklebepistole an Rohlingen befestigen. Beide Klebstoffe sind nicht ganz ungefährlich, lass dir darum lieber von einem Erwachsenen helfen.

Eine Heißklebepistole erhitzt sich, wenn man den Stecker in die Steckdose steckt. Dadurch wird der Klebestift, der im Inneren steckt, zähflüssig und kann mit dem „Abzug" herausgedrückt werden. Vorsicht, der geschmolzene Klebstoff ist sehr heiß! Er kühlt aber schnell ab und wird dann wieder fest – perfekt, um ruckzuck Schmuck zu basteln.

Sekundenkleber ist durchsichtig und sehr stark. Lies die Gebrauchsanweisung genau durch und berühre den Klebstoff auf keinen Fall, solange er feucht ist: Er klebt wirklich alles bombenfest zusammen, auch Finger.

Filz

Wenn du deine Knüpferei auf einen Schmuckrohling geklebt hast, sieht die Rückseite manchmal hässlich aus. Klebe einfach ein kleines Stück Filz darüber. Es versteckt die Klebestellen und macht dein Schmuckstück stabiler. Filz gibt es in vielen Farben im Bastelgeschäft.

Techniken

Für die Armbänder in diesem Buch musst du lernen, die Gummibänder auszulegen, sie miteinander zu verhaken und einen sicheren Abschluss zu arbeiten, damit die fertige Knüpfarbeit nicht auseinanderfällt. Lies diese Tipps genau durch. Du wirst sehen, es ist gar nicht schwer.

Gummis auslegen

Für die meisten Armbänder müssen die Gummis zuerst ausgelegt werden. Am Anfang jeder Abbildung siehst du auf einer Zeichnung, welchen Loom du brauchst und wie die Gummis angeordnet werden.

Achte darauf, ob die Stifte gerade oder schräg angeordnet sind, und nimm den richtigen Loom oder – wenn du einen gekauften Loom benutzt – stecke die Stifte in der richtigen Anordnung.

Beim Auslegen zeigt normalerweise der Pfeil auf dem Loom von dir weg und du siehst die geschlossene Seite der Stifte.

Lege die Gummibänder nun genau so über die Stifte, wie es in der Anleitung beschrieben ist. Wenn du sie anders auslegst, sieht dein Muster nicht so aus wie unseres. Und es kann sogar passieren, dass die Knüpferei beim Abnehmen vom Loom auseinanderfällt.

Die Gummis auf den Stiften immer nach ganz unten schieben. So können sie nicht abrutschen und lassen sich leichter häkeln.

Abschlussgummis

Wenn alle Gummibänder ausgelegt sind, muss am obersten Stift ein Abschlussgummi befestigt werden. Es wird um den Stift gewickelt – meist viermal – und verhindert, dass die Knüpfarbeit auseinanderfällt, wenn du sie vom Loom abnimmst. Diese Bänder werden nicht abgehäkelt. Stattdessen nimmst du das Gummi unter dem Abschluss und häkelst es über den gegenüber liegenden Stift. Abschlussgummis liegen meist auf dem obersten Stift oder, bei sechseckigen Mustern, in der Mitte.

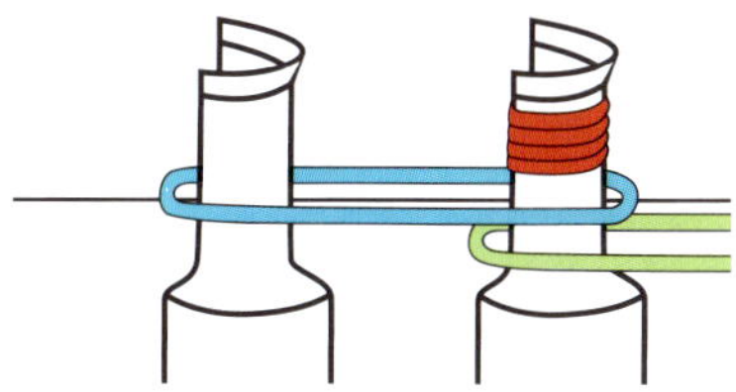

Perlen

Perlen müssen schon beim Auslegen der Gummis auf dem Loom eingearbeitet werden.

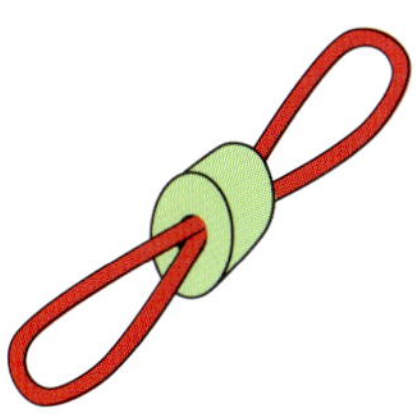

1 Fädele ein Gummi durch eine Perle, bevor du es auf den Loom legst.

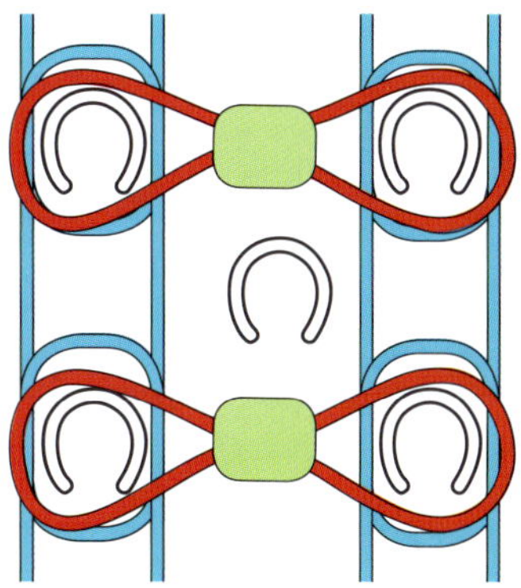

2 Später werden die Gummis mit den Perlen wie alle anderen abgehäkelt.

Die Gummis abhäkeln

Wenn alle Gummis ausgelegt sind, drehst du normalerweise den Loom um. Nun zeigen die Pfeile zu dir und du siehst die offene Seite der Stifte. So lässt sich die Häkelnadel leicht in den Stift schieben und du kannst das Gummiband mit dem Häkchen an der Spitze erfassen.

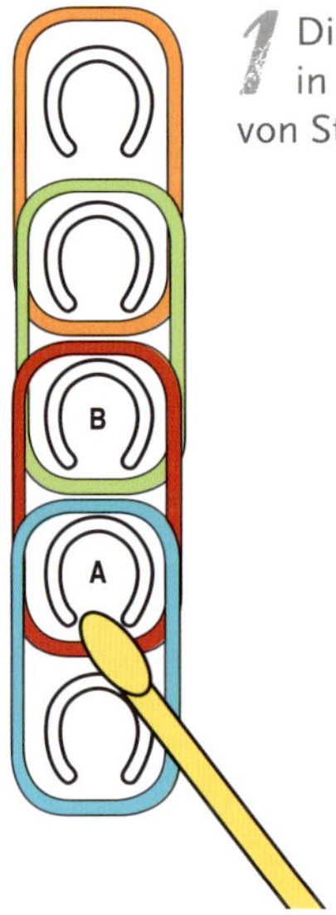

1 Die Häkelnadel in die offene Seite von Stift A schieben.

2 Das Gummiband auf diesem Stift erfassen und dehnen.

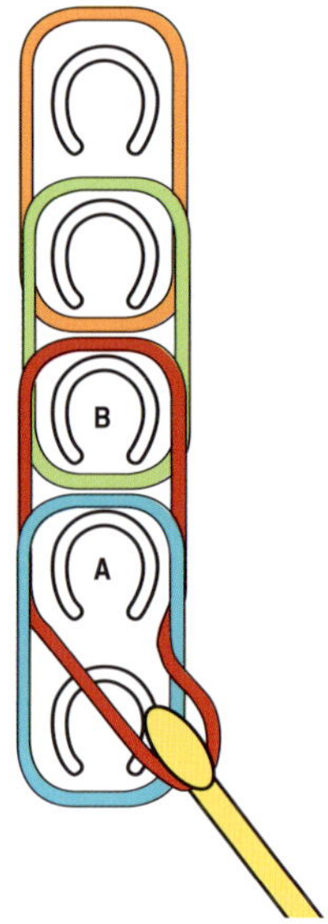

3 Jetzt das Gummiband auf der Häkelnadel auf den Stift legen, auf dem das andere Ende desselben Gummis liegt. Dieser Stift kann oberhalb, seitlich oder schräg vom ersten Stift liegen. Ich nenne diesen Vorgang „über den Gegenstift legen".

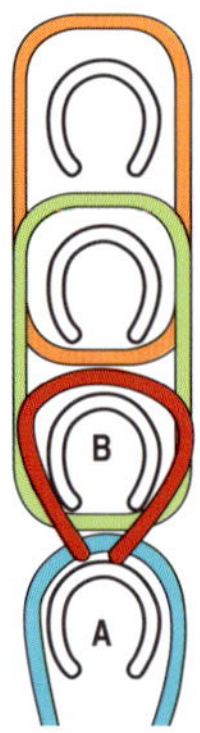

Gegenstift (B) liegt über dem ersten Stift (A)

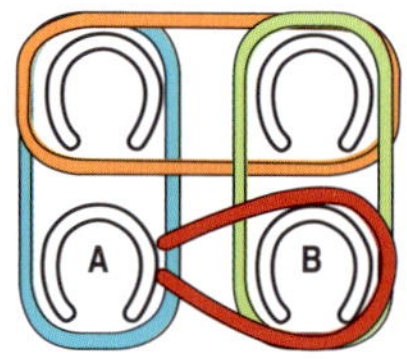

Gegenstift (B) liegt seitlich vom ersten Stift (A)

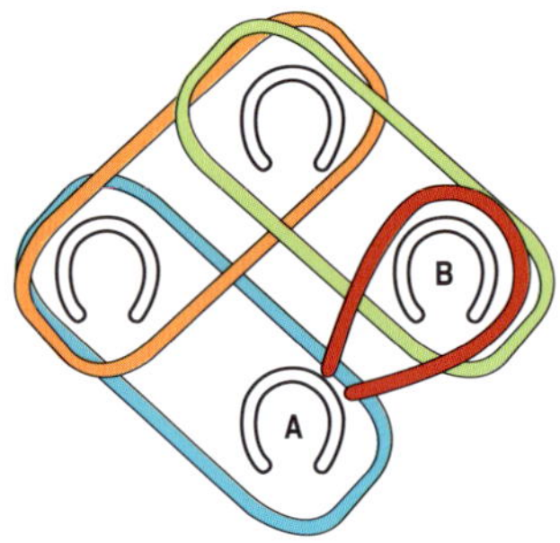

Gegenstift (B) liegt schräg über dem ersten Stift (A)

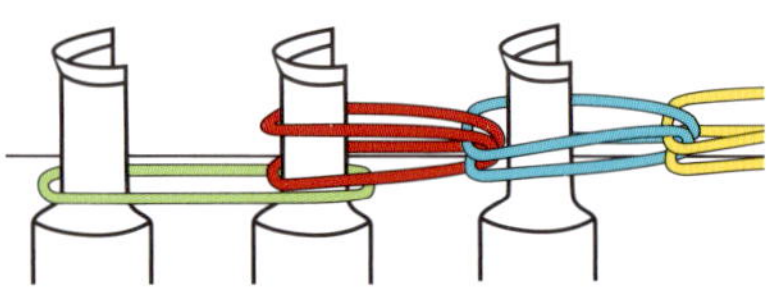

4 So entsteht eine Tropfenform, in der das vorige Gummiband festgehalten wird. Dadurch kann die Knüpfarbeit nicht aufgehen. Nun weiter häkeln, wie in der Anleitung angegeben ist.

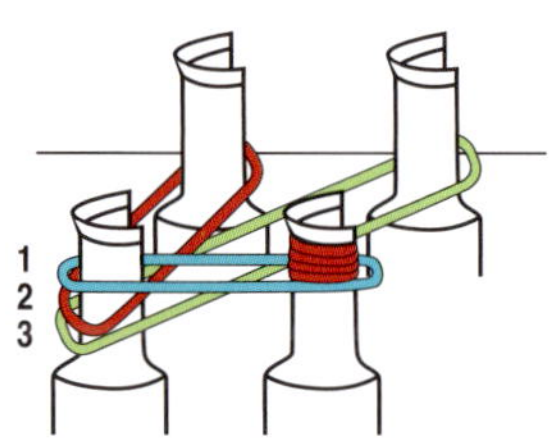

Hinweis: Wenn für dein Projekt viele Gummis verwendet werden, arbeitest du vom obersten nach unten. In diesem Beispiel also zuerst das blaue Gummi, dann das rote und danach das grüne.

Das Armband vom Loom nehmen

Wenn alle Gummis gehäkelt sind, schau noch einmal nach, ob wirklich zwischen allen Stiften Tropfenformen liegen. Diese Tropfen halten die Gummis zusammen und verhindern, dass die Knüpferei beim Abnehmen vom Loom aufgeht. Wenn du einen Fehler findest, kannst du die Gummis bis zu dieser Stelle „rückwärts" wieder aufhaken und den Fehler beheben, bevor es zu spät ist. Wenn alles stimmt, schiebe die Häkelnadel in die oberste Schlaufenreihe. Sie kann auf einem Stift oder auch auf mehreren liegen. Nimm alle Schlaufen mit der Häkelnadel vom Stift. Dann kannst du das ganze Armband von den Stiften heben – aber vorsichtig, damit kein Gummi reißt. Jetzt hängt das Armband an der Häkelnadel.

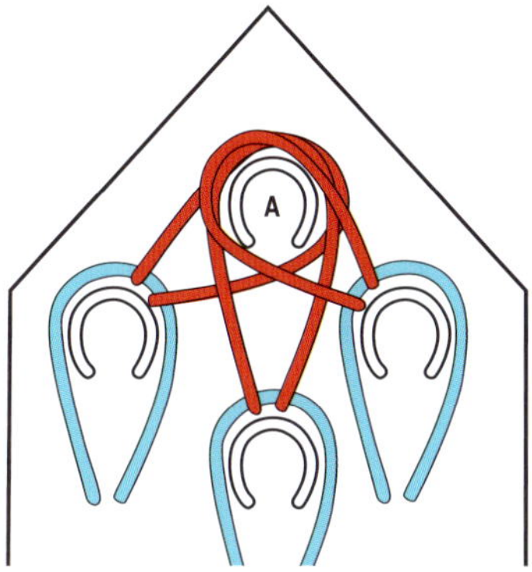

Nur ein Stift in der obersten Reihe

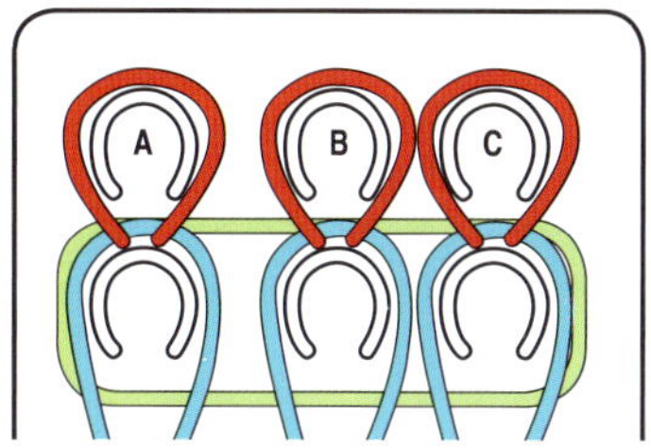

Drei Stifte in der obersten Reihe

Eine Knüpferei verlängern

Ein Band, das auf einem einfachen Loom mit 3 x 13 Stiften geknüpft wurde, ist meist zu kurz für ein Armband oder eine Halskette. Du kannst es aber mit Gummischlaufen verlängern – entweder mit einer Häkelnadel oder auf dem Loom.

Mit der Häkelnadel

1 Die Armband-Schlaufen liegen noch auf der Häkelnadel. Ein Gummiband mit dem Häkchen erfassen und ein Ende durch die Schlaufen ziehen. Dann (mit den Fingern) das andere Ende des Gummis auf die Häkelnadel legen.

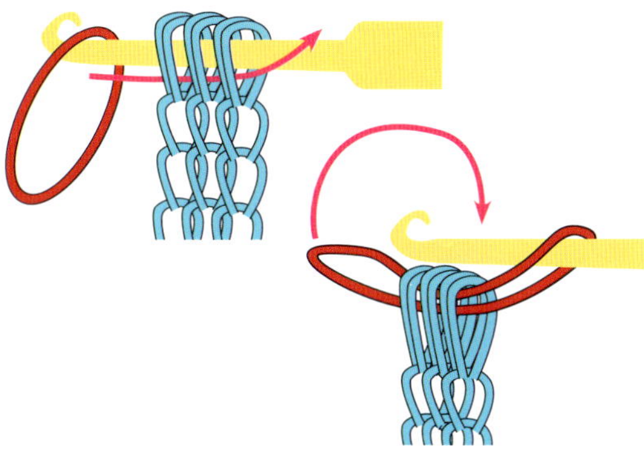

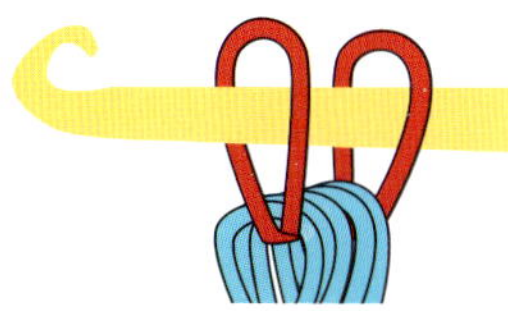

2 Nun liegen zwei Schlaufen auf der Häkelnadel.

3 Wiederholen, bis die Knüpferei lang genug ist. Für ein Armband musst du etwa 10 Extra-Gummis anbringen, für einen Halsschmuck ungefähr 25.

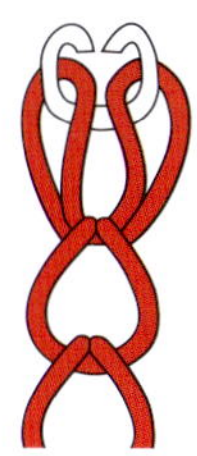

4 Zum Schluss einen C-Clip durch die beiden Schlaufen auf der Häkelnadel ziehen.

Mit dem Loom

1 Die Häkelnadel mit dem Armband, das daran hängt, zur Seite legen.

2 Einen Loom (3 x 13 Stifte, schräge Anordnung) so drehen, dass der Pfeil von dir weg zeigt. Die Gummis für die Verlängerung auslegen, wie auf den Abbildungen (10 für ein Armband, 25 für eine Kette). Die Schlaufen von der Häkelnadel auf den untersten Stift legen.

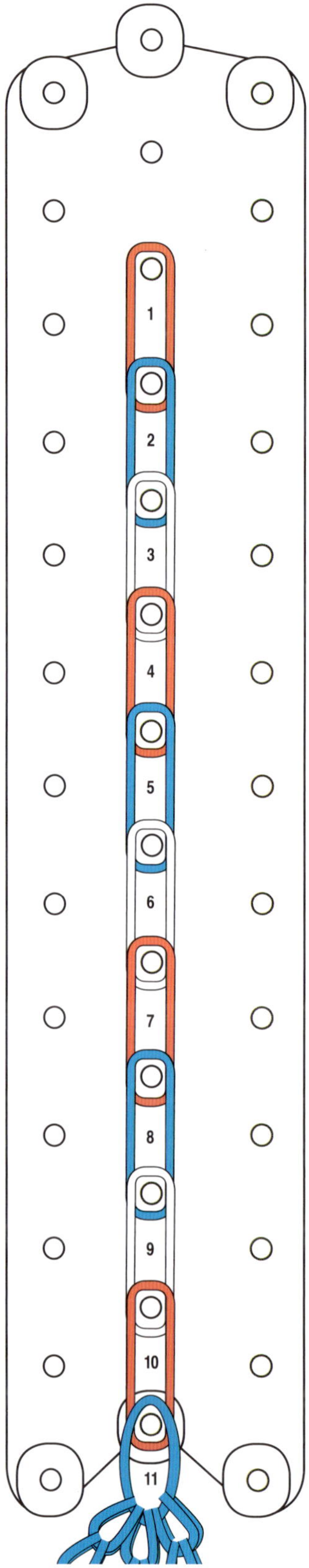

10 Verlängerungsgummis für ein Armband

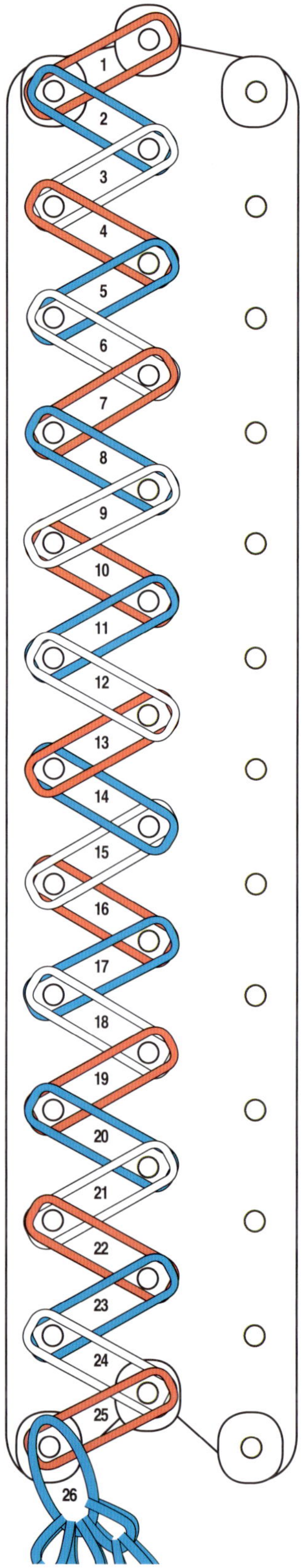

25 Verlängerungsgummis für eine Kette

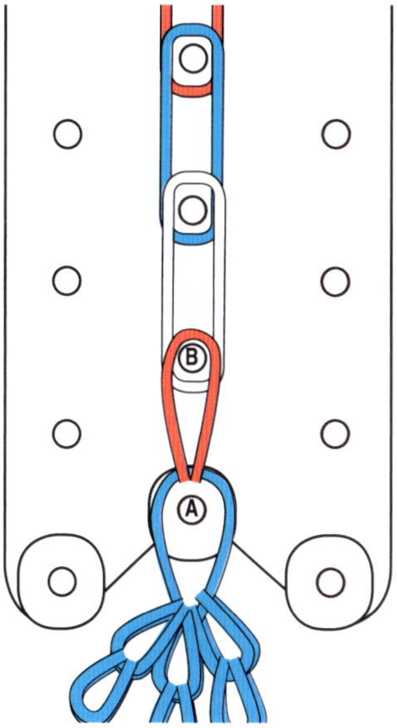

3 Jetzt die Häkelnadel in Stift A einstechen und die Bänder über Stift B legen – genauso wie beim einfachen Armband auf dem Loom (siehe Seite 20). Bis zur obersten Schlaufe wiederholen.

4 Die Häkelnadel durch die Schlaufen auf dem letzten Stift schieben und die Knüpferei vom Loom nehmen.

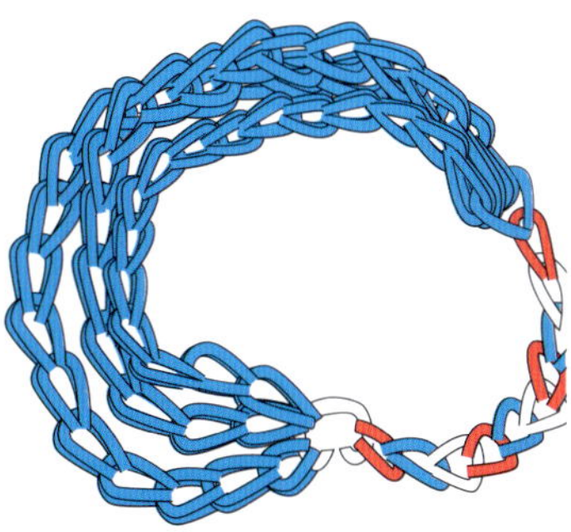

5 Zuletzt die Schlaufen in einen C-Clip einhängen. Dann den C-Clip in die Schlaufen am Anfang der Knüpfarbeit einhängen.

Tipps und Tricks

Übung macht den Meister. Gib nicht gleich auf, wenn es nicht auf Anhieb klappt. Nimm die Gummis auseinander und versuch's noch einmal!

Lege alles bereit, bevor du anfängst. Dadurch geht das Auslegen viel schneller, und du kannst sicher sein, dass du von jeder Farbe, die du verwenden willst, genügend Gummis hast.

Achte beim Auslegen darauf, dass der Loom richtig herum liegt. Normalerweise zeigt der Pfeil von dir weg, aber manche Armbänder werden in der anderen Richtung geknüpft.

Lege die Gummis immer genau so aus, wie es in der Anleitung angegeben ist. Ein kleiner Fehler genügt, und das Armband fällt auseinander oder sieht nicht so aus, wie du es erwartest.

Die Bänder auf den Stiften immer ganz nach unten schieben. So können Sie beim Häkeln nicht so leicht abrutschen. Das ist besonders wichtig, wenn mehrere Gummis auf einem Stift liegen.

Beim Häkeln muss der Pfeil zu dir zeigen. Wenn du einen gekauften Loom benutzt, zeigt auch die offene Seite der Stifte zu dir.

Beginne beim Häkeln immer mit dem obersten Gummi auf einem Stift (ausgenommen das Abschlussgummi) und arbeite nach unten.

Kontrolliere alle Schlaufen, bevor du die Knüpferei vom Loom nimmst. Durch das Häkeln entstehen Tropfenformen. Jedes Gummi muss von so einer Tropfenform festgehalten werden.

Kapitel 1

Ganz einfach!

Kinderleicht

Probiere zuerst dieses Armband aus. Du kannst mit der Hand, mit einer Häkelnadel oder einem Loom knüpfen.

SCHWIERIGKEITSGRAD

✻

Du brauchst

25 Gummibänder in Farben deiner Wahl

C-Clip

Mit der Hand

1 Nimm ein Gummi und drücke es flach.

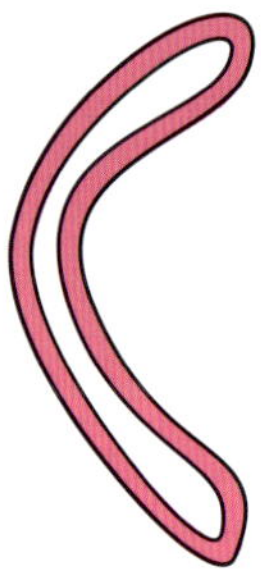

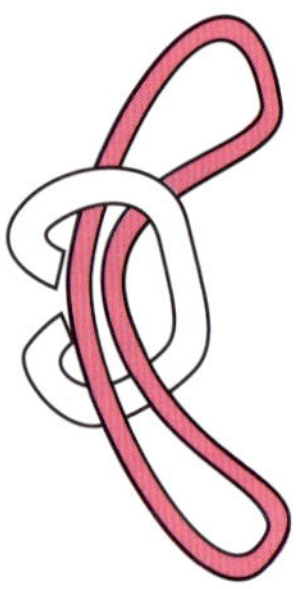

2 Schiebe den C-Clip in die Mitte.

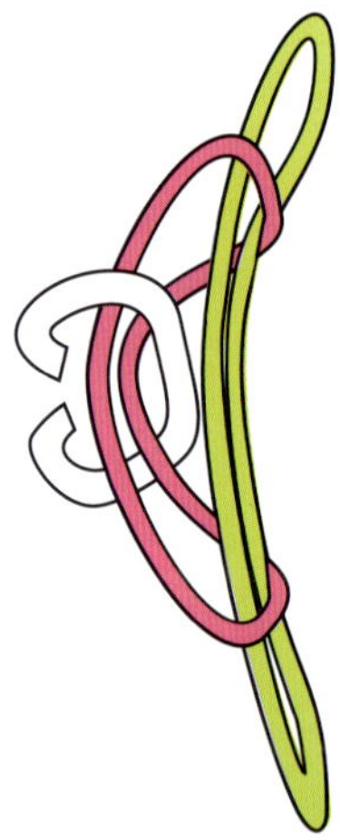

3 Das nächste Gummi flach drücken und durch die beiden Schlaufen des ersten Gummis schieben.

4 Immer weiter zusammengedrückte Gummis durch die beiden Schlaufen des vorigen Gummis schieben, bis dein Armband etwa 15 cm lang ist.

5 Zum Schluss die letzten beiden Schlaufen in den C-Clip am Anfang einhängen.

Mit der Häkelnadel

SCHWIERIGKEITSGRAD

*

Du brauchst

25 Gummibänder in Farben deiner Wahl

C-Clip

Häkelnadel

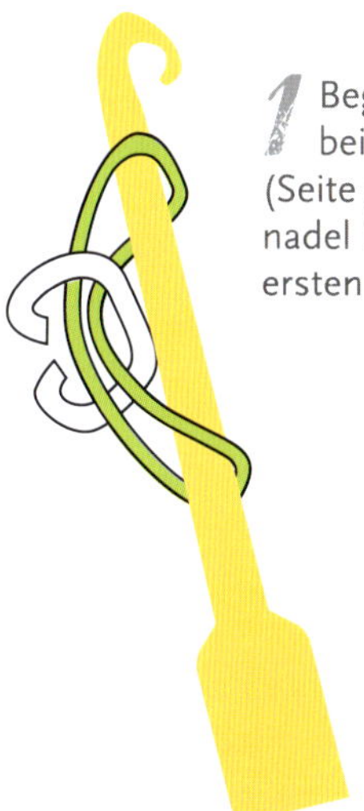

1 Beginne wie in Schritt 1 und 2 beim **Knüpfen mit der Hand** (Seite gegenüber). Dann die Häkelnadel in die beiden Schlaufen des ersten Gummis schieben.

2 Ein neues Gummi mit der Häkelnadel erfassen und durch die Schlaufen auf der Häkelnadel ziehen.

3 Nun sieht dein Armband aus wie in Schritt 3 beim Knüpfen mit der Hand. Immer weiter Gummis durch das vorherige ziehen, bis das Armband lang genug ist. Mit Schritt 5 beenden.

DER LOOM

SCHWIERIGKEITSGRAD

*

Du brauchst

Loom

26 Gummibänder in Farben deiner Wahl

Häkelnadel

C-Clip

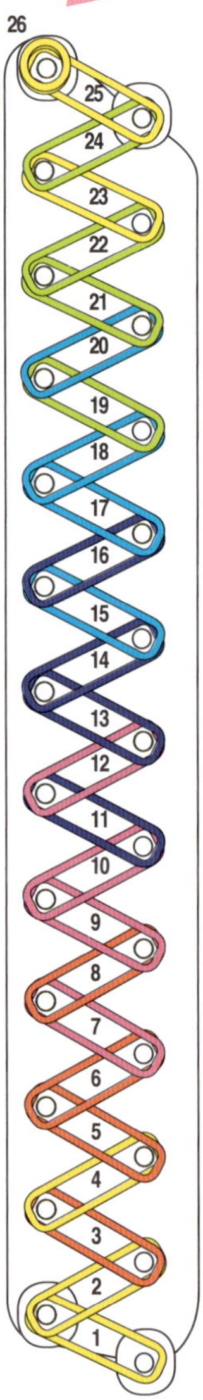

1 Du brauchst einen Loom mit schräger Anordnung – 2 Stifte in der Breite und 13 Stifte in der Länge (siehe Seite 10). Die Pfeilspitze zeigt zu dir. Die Bänder wie auf der Abbildung auslegen. Für den Abschluss ein Gummi viermal um den letzten Stift wickeln.

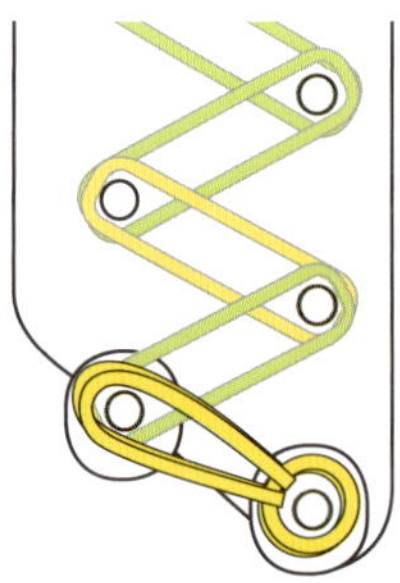

2 Den Loom umdrehen. Das spitze Ende zeigt nun von dir weg. Die Häkelnadel in den untersten Stift einstechen, das Gummi anheben (nicht das Abschlussgummi) und über den Gegenstift legen.

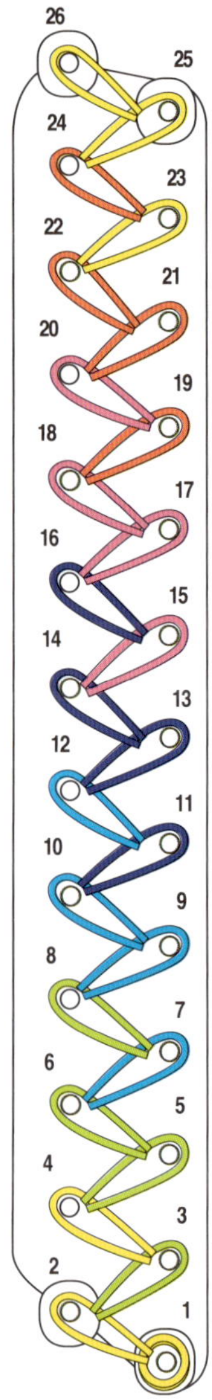

3 Bis zum Ende des Looms wiederholen. Häkelnadel einstechen, das untere Gummi anheben und wie auf der Abbildung über den Gegenstift legen.

4 Einen C-Clip ins Abschlussgummi einhängen und die Häkelnadel durch die Schlaufen am oberen Ende schieben. Das Armband vorsichtig vom Loom nehmen und die Schlaufen auf der Häkelnadel in den C-Clip einhängen.

Zweier-reihen

Wenn du die Gummis für dieses Armband auf den Loom legst, erkennst du sofort, woher sein Name kommt. Es geht schnell und einfach – genau richtig für Anfänger.

SCHWIERIGKEITSGRAD

*

Du brauchst

Loom

27 hellgrüne Gummis

13 lila Gummis

Häkelnadel

C-Clip

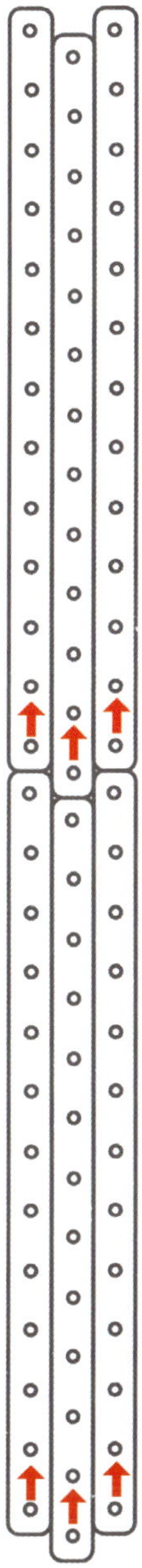

DER LOOM

Du brauchst einen Loom mit schräger Anordnung – 3 Stifte in der Breite und 26 Stifte in der Länge (siehe Seite 10).

1 Das spitze Ende des Looms zeigt zu dir. Wie auf der Abbildung drei hellgrüne Gummis senkrecht über die Stifte legen. Dann ein lila Gummi darüber spannen.

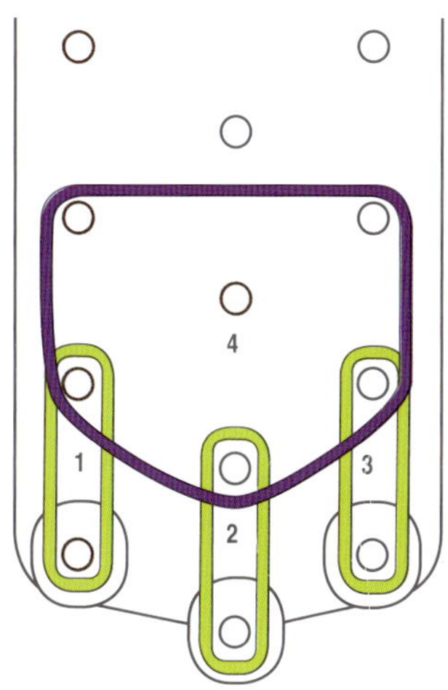

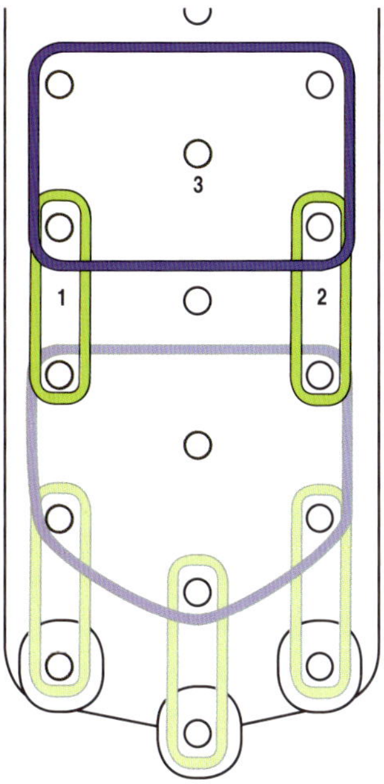

2 Jetzt zwei hellgrüne Gummis senkrecht über die äußeren Stifte legen. Darüber ein Lila Gummi im Viereck legen.

3 Schritt 2 bis zum Ende des Looms wiederholen. Mit zwei senkrechten hellgrünen Gummis enden.

Noch mehr Ideen

NIMM ZU DEN HELL-
GRÜNEN GUMMIS ORANGE
GLITZERGUMMIS.
SIE SIND ETWAS DICKER,
DARUM WIRD AUCH
DAS FERTIGE ARMBAND
ETWAS BREITER.
UND NATÜRLICH
GLITZERT ES TOLL.

4 Den Loom umdrehen. Das spitze Ende zeigt nun von dir weg. Die Häkelnadel in Stift A einstechen, das lila Gummi anheben und über Stift C legen. Auf der rechten Seite wiederholen: die andere Seite des lila Gummis auf Stift B anheben und über Stift D legen. Dann die hellgrünen Gummis auf den Stiften C und D über ihre Gegenstifte legen. Bis zum Ende des Looms wiederholen.

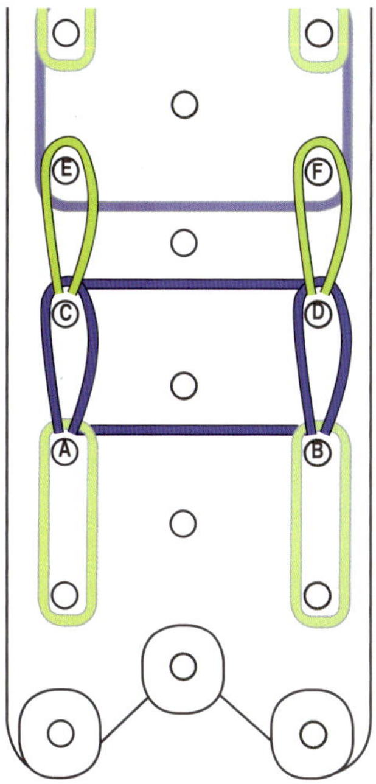

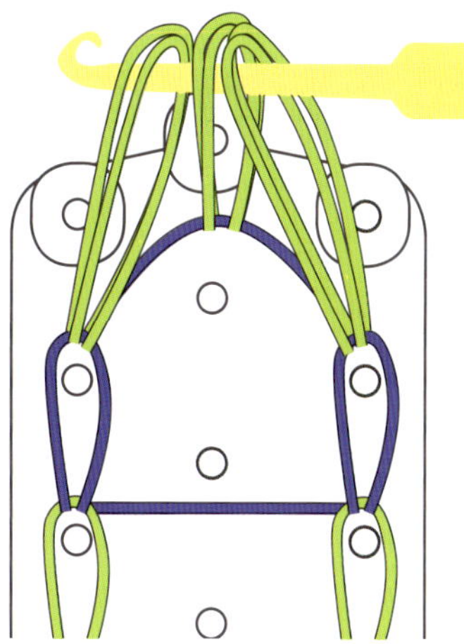

5 Die Häkelnadel durch die oberen drei Schlaufen schieben, dann das Armband vorsichtig vom Loom nehmen. Es hängt nun an der Häkelnadel.

6 Die Schlaufen auf der Häkelnadel in einen C-Clip einhängen. Dann den C-Clip in die Schlaufen am Anfang des Armbands einhängen – schon fertig!

Über Kreuz

Wenn dir die beiden vorherigen Armbänder gut gelungen sind, kannst du dich an dieses Modell wagen. Probiere ruhig auch eine eigene Farbzusammenstellung aus, dann entsteht ein anderes Muster.

SCHWIERIGKEITSGRAD

*

Du brauchst

Loom

25 rosa Gummis

24 grüne Gummis

Häkelnadel

C-Clip

DER LOOM

Du brauchst einen Loom mit schräger Anordnung – 3 Stifte in der Breite und 13 Stifte in der Länge (siehe Seite 10).

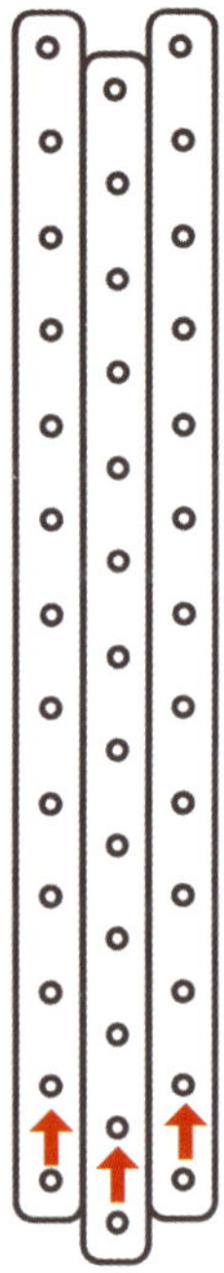

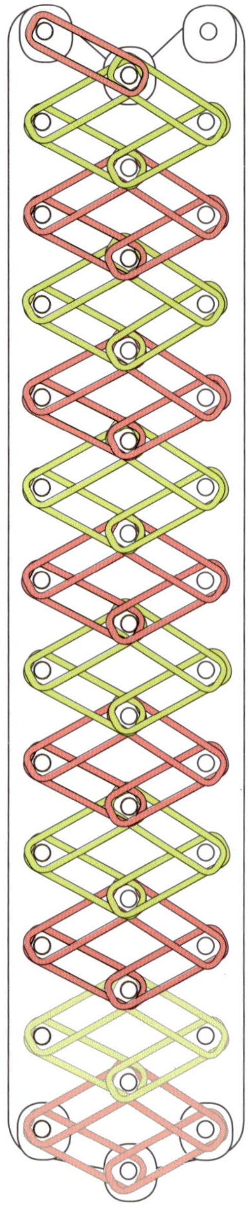

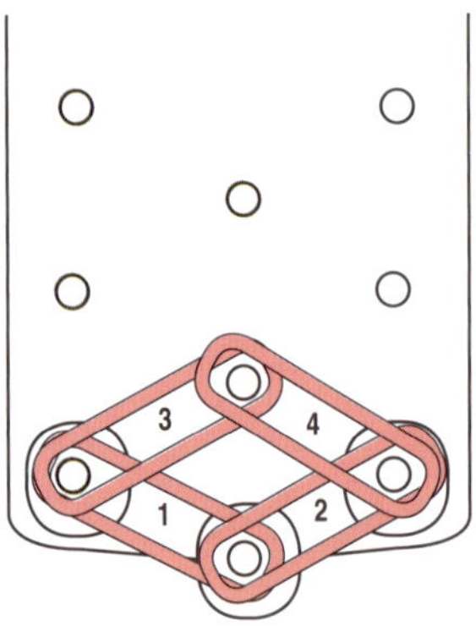

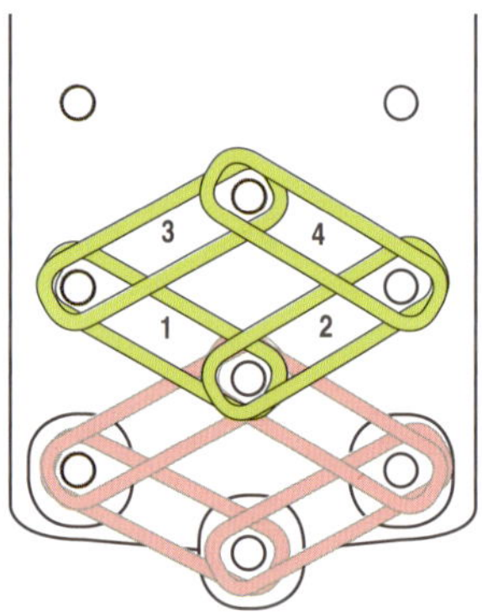

1 Das spitze Ende des Looms zeigt zu dir. Vier rosa Gummis wie auf der Abbildung auslegen.

2 Dann vier grüne Gummis wie auf der Abbildung auslegen.

3 Schritt 1 und 2 noch fünfmal wiederholen, bis der Loom voll ist. Mit einem rosa Gummi in der letzten Reihe enden.

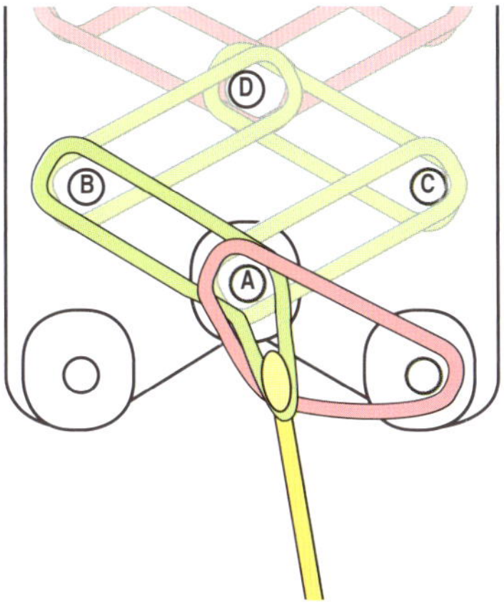

4 Den Loom umdrehen. Das spitze Ende zeigt nun von dir weg. Mit der Häkelnadel das obere grüne Gummi von Stift A auf Stift B legen.

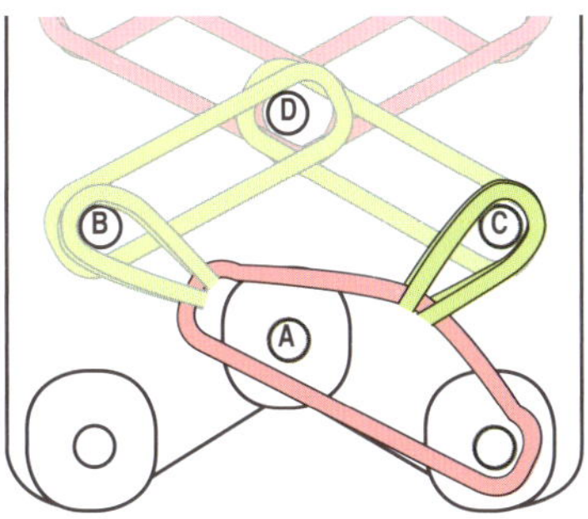

5 Jetzt das untere grüne Gummi von Stift A auf Stift C legen.

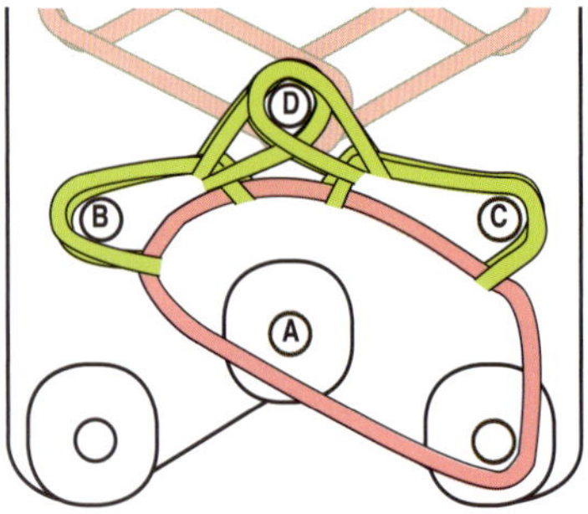

6 Das untere grüne Gummi von Stift B auf Stift D legen. Danach das untere grüne Gummi von Stift C auf Stift D legen. Schritt 4 bis 6 wiederholen, bis du am spitzen Ende des Looms angekommen bist.

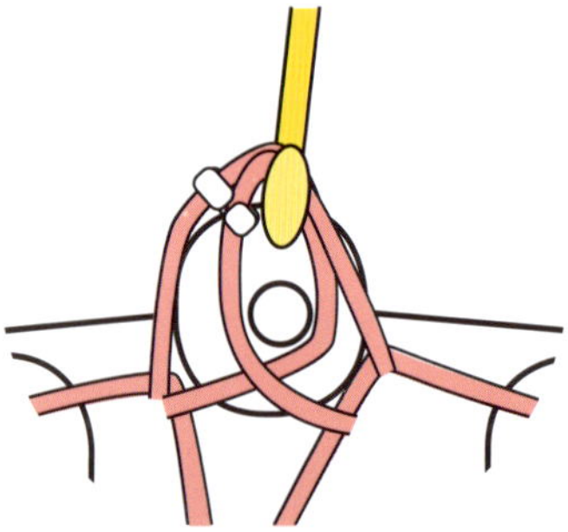

7 Die Häkelnadel in die vier Schlaufen auf dem letzten Stift schieben und einen C-Clip befestigen.

8 Das Armband vorsichtig vom Loom nehmen und das erste rosa Gummi in den C-Clip einhängen.

Noch mehr Ideen

Wenn du eine Kette knüpfen möchtest, setze zwei Looms zusammen. Dann hast du 3 Stifte in der Breite und 26 Stifte in der Länge. Du brauchst doppelt so viele Gummis, aber geknüpft wird wie beim Armband. Kette und Armband zusammen sind ein tolles Geschenk!

Ein mal Drei

Dieses breite Armband sieht toll aus, ist aber einfach zu knüpfen. Statt einfarbigen Streifen kannst du auch einen bunten Mix aus Gummis verwenden.

SCHWIERIGKEITSGRAD

*

Du brauchst

Loom

13 lila Gummis

12 türkise Gummis

13 rosa Gummis

23 weiße Gummis

Häkelnadel

C-Clip

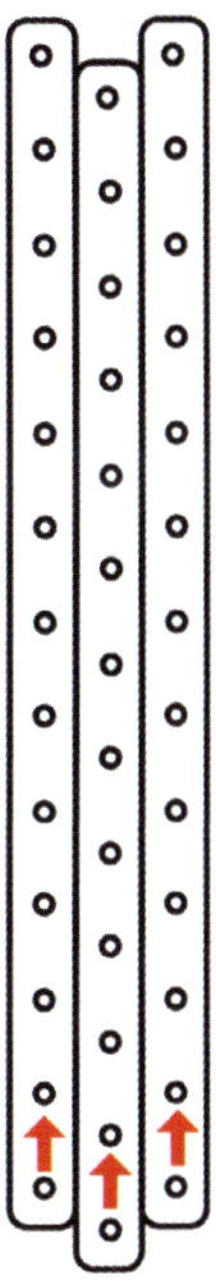

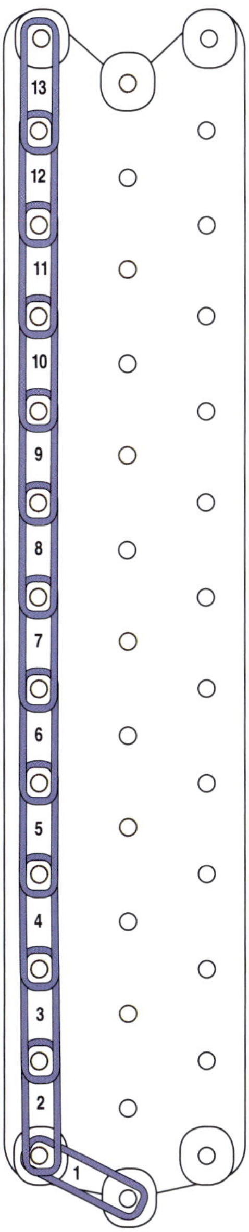

DER LOOM

Du brauchst einen Loom mit schräger Anordnung – 3 Stifte in der Breite und 13 Stifte in der Länge (siehe Seite 10).

1 Das spitze Ende des Looms zeigt zu dir. Ein lila Gummi über den Stift in der unteren Mitte und den ersten Stift auf der linken Seite legen. Die übrigen lila Gummis auf der linken Seite bis zum Ende des Looms auflegen.

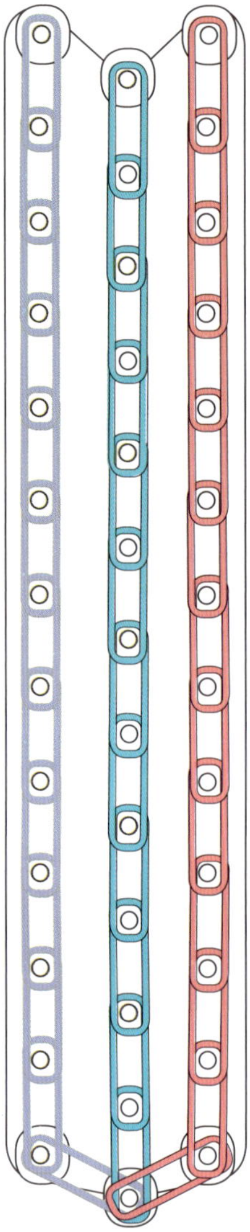

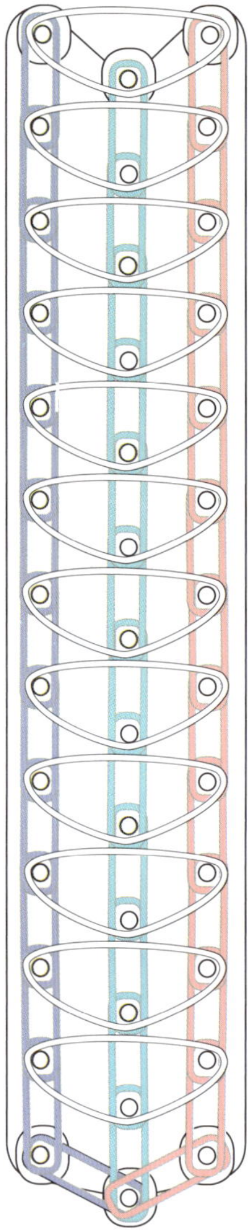

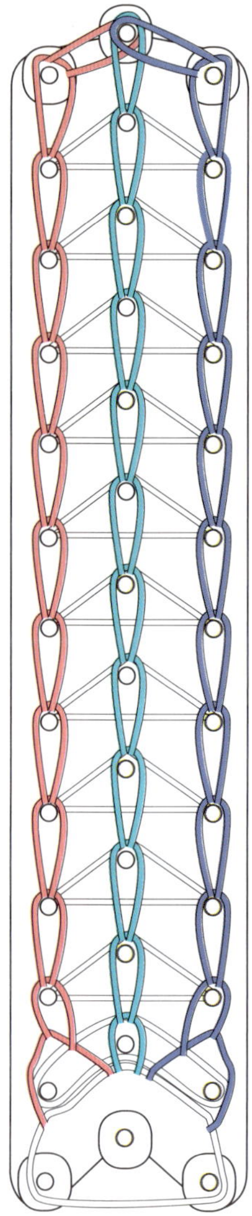

2 Eine Reihe türkiser Gummis vom Stift in der unteren Mitte bis zum Stift in der oberen Mitte legen. Danach Schritt 1 auf der rechten Seite mit rosa Gummis wiederholen.

3 Nun die weißen Gummis in Dreiecksform bis zum oberen Ende des Looms auflegen. Die unteren drei Stifte müssen frei bleiben.

4 Den Loom umdrehen. Das spitze Ende zeigt nun von dir weg. Auf der linken Seite (mit den rosa Gummis) beginnen. Die Häkelnadel in den ersten Stift auf der linken Seite einstechen, das Gummi anheben und auf den Gegenstift legen. Mit allen rosa Gummis wiederholen, dann mit den türkisen in der Mitte und zuletzt mit den lila Gummis auf der rechten Seite ebenso wiederholen.

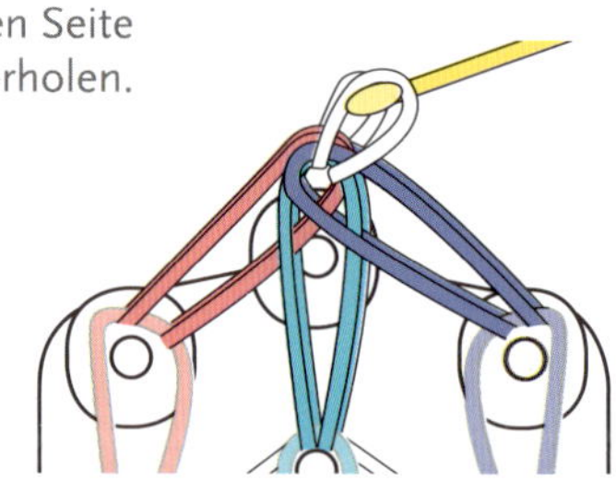

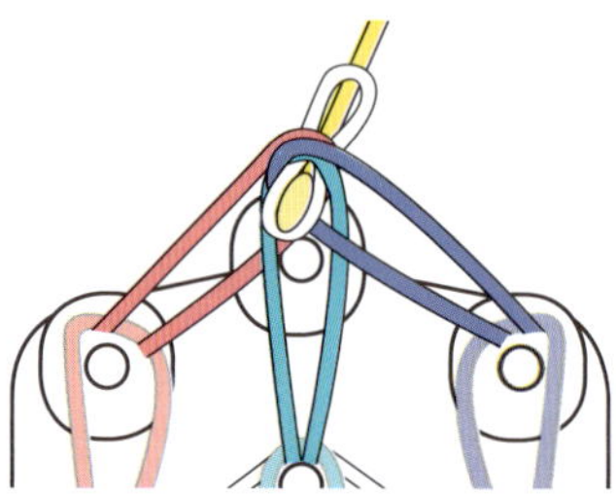

5 Die Häkelnadel in alle Schlaufen auf dem obersten Stift einstechen. Die Gummis dehnen und ein weißes Gummi durch alle Schlaufen auf der Häkelnadel ziehen.

6 Die Häkelnadel in das weiße Gummi einstechen, das Armband vorsichtig vom Loom nehmen und zur Seite legen. Die Häkelnadel steckt noch in den Schlaufen.

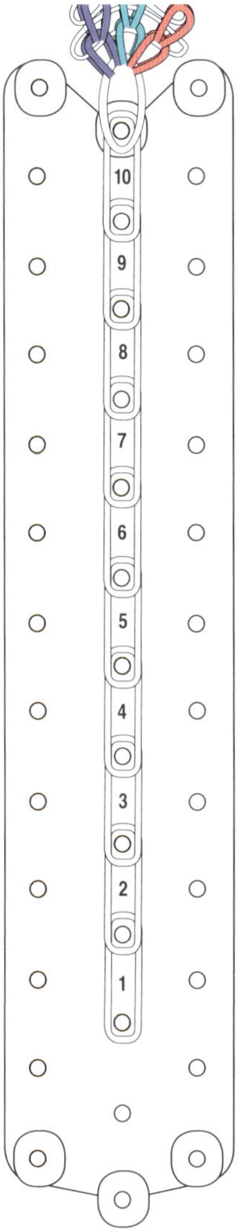

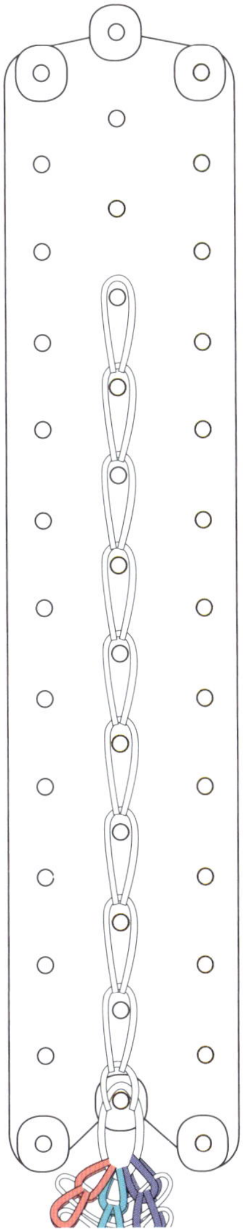

7 Das spitze Ende des Looms zeigt zu dir. Zehn weiße Gummis in einer Reihe auslegen, dann beide Schlaufen des weißen Gummis am Armband auf den obersten Stift legen.

8 Den Loom umdrehen. Das spitze Ende zeigt nun von dir weg. Am Stift, an dem das Armband hängt, beginnen und jeweils das untere Gummi über den nächsten Stift legen. Ins letzte Gummi auf dem Loom einen C-Clip einhängen und den Clip danach am anderen Ende des Armbands befestigen.

Noch mehr Ideen

Regenbogen

Für ein Armband in Regenbogenfarben musst du zwei Looms mit diagonaler Anordnung zusammensetzen (oder einen selbstgemachten Loom mit 26 Stiften in der Länge und 3 Stiften in der Breite verwenden).

Die Gummis auf der linken Seite wie in der Anleitung auslegen, aber nicht alle in einer Farbe. Nimm stattdessen 1x Gelb, 1x Orange, 1x Rot, 1x Rosa, 1x Lila, 1x Dunkelblau, 1x Hellblau, 1x Türkis, 1x Grün. Bis zum Ende des Looms wiederholen.

Die Gummis auf den mittleren und rechten Stiften in derselben Farbreihenfolge auslegen.

Die weissen Gummis wie in Schritt 3 auslegen.

Den Loom umdrehen. Das spitze Ende zeigt nun von dir weg. Das Armband beenden wie in Schritt 4 bis 6. Zuletzt den C-Clip in die drei oberen und in das erste Gummi einhängen.

Fischgräten-Muster

Für dieses superschnelle Muster brauchst du nicht einmal einen Loom. Zwei Stifte mit kleinem Abstand genügen – zum Beispiel die Zinken einer Gabel.

SCHWIERIGKEITSGRAD

*

Du brauchst

(für Kette oder Armband)

Loom, zwei Nägel oder eine Gabel

68 goldene Gummis

68 weiße Gummis

68 schwarze Gummis

Häkelnadel

2 C-Clips

Die Kette knüpfen

1 Ein goldenes Gummi wie eine 8 drehen und über die beiden Stifte legen.

2 Über das gedrehte goldene Gummi ein schwarzes und ein weißes Gummi legen. Diese beiden werden nicht gedreht. Die Häkelnadel beim linken Stift einstechen, das goldene Gummi anheben und in die Mitte legen. Am rechten Stift mit der rechten Seite des goldenen Gummis wiederholen.

Das Armband knüpfen

Schritt 1 bis 3 wie bei der **Kette** wiederholen, aber jetzt immer zwei Gummis derselben Farbe auflegen und ebenso immer zwei Gummis von den Seiten zur Mitte häkeln. Du brauchst genauso viele Gummis wie für die Kette, aber das Armband wird kürzer und dicker. Wenn es etwa 15 cm lang ist, kannst du den C-Clip einhängen.

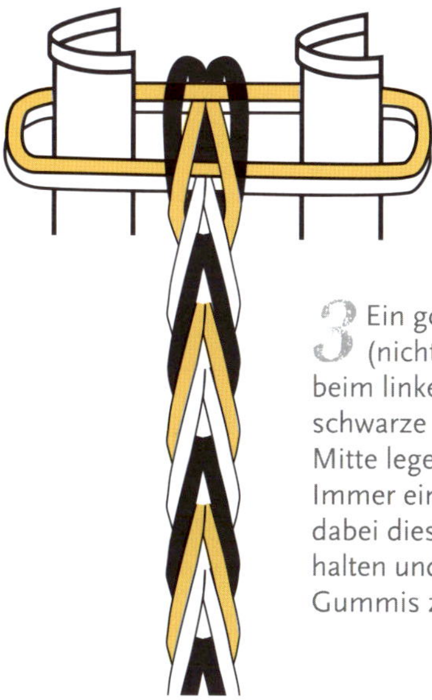

3 Ein goldenes Gummi auflegen (nicht gedreht). Die Häkelnadel beim linken Stift einstechen, das schwarze Gummi anheben und zur Mitte legen. Rechts wiederholen. Immer ein neues Gummi auflegen, dabei dieselbe Farbreihenfolge einhalten und beide Seiten des unteren Gummis zur Mitte häkeln.

4 Wenn die Knüpferei etwa 30 cm lang ist, die Häkelnadel in die vier Schlaufen auf den beiden Stiften stecken und die Kette von den Stiften nehmen. Ein Gummi durch die Schlaufen ziehen.

5 Die beiden Schlaufen auf der Häkelnadel in einen C-Clip einhängen. Auch das andere Ende der Kette in den Clip einhängen.

Doppelkreuz-Armband

Dieses Muster bringt die Farben deiner Gummibänder toll zur Geltung. Und wenn du dazwischen weiße Gummis einfügst, leuchten die anderen Farben noch mehr.

SCHWIERIGKEITSGRAD

*

Du brauchst

Loom

18 rote Gummis

8 orange Gummis

8 gelbe Gummis

4 hellgrüne Gummis

4 grüne Gummis

4 türkise Gummis

4 blaue Gummis

4 lila Gummis

4 rosa Gummis

Häkelnadel

C-Clip

DER LOOM

Du brauchst einen Loom mit gerader Anordnung – 3 Stifte in der Breite und 13 Stifte in der Länge (siehe Seite 10).

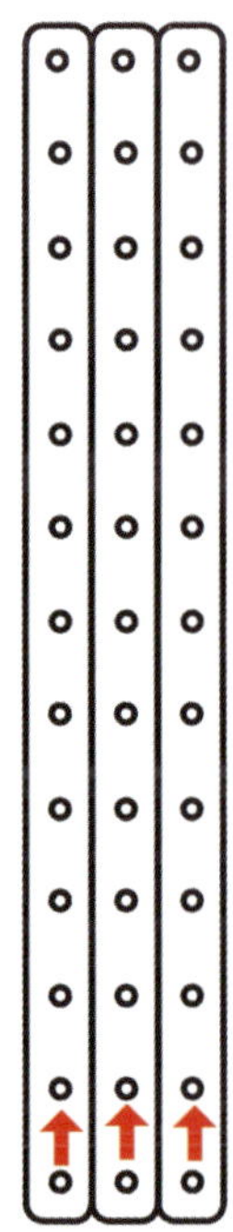

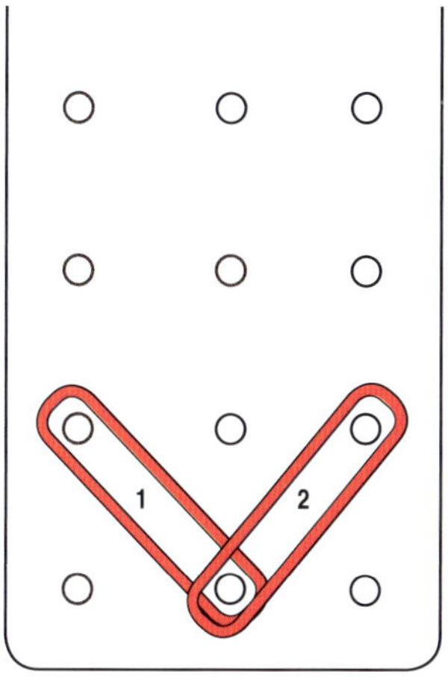

1 Zwei rote Gummis in V-Form auslegen.

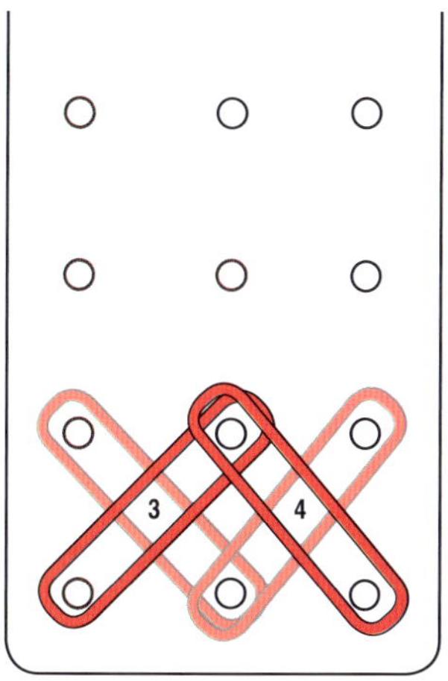

2 Zwei weitere rote Gummis wie ein umgekehrtes V auslegen.

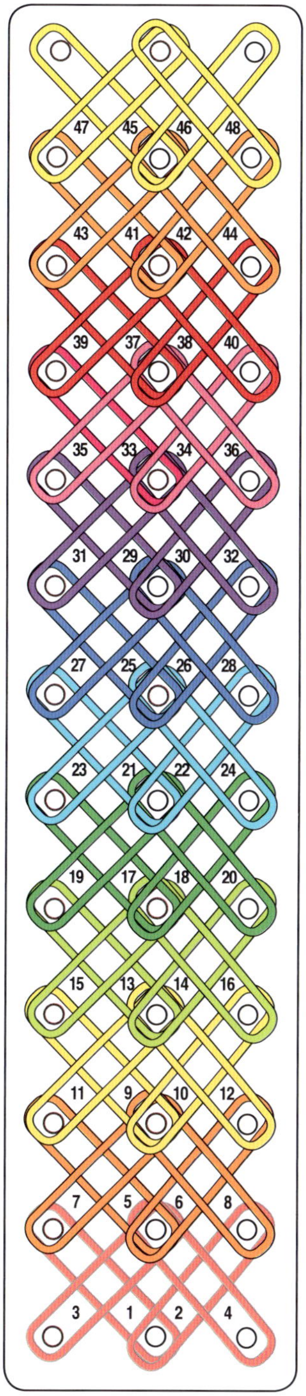

3 Schritt 1 und 2 bis zum Ende des Looms wiederholen. Die Farbreihenfolge ist Orange, Gelb, Hellgrün, Grün, Türkis, Blau, Lila und Rosa. Dann kommen noch einmal Rot, Orange und Gelb dran.

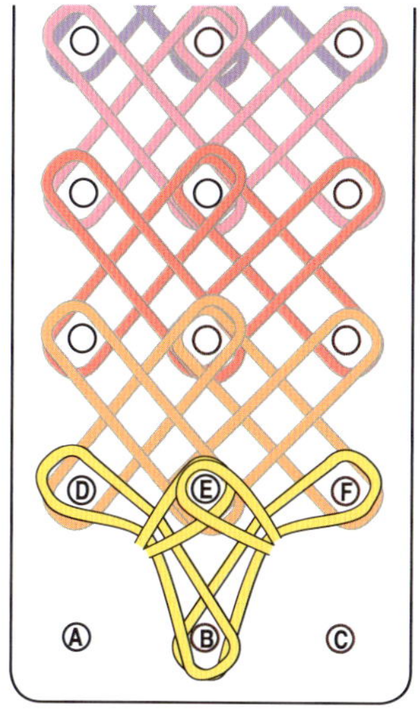

4 Den Loom umdrehen. Die Häkelnadel in Stift A einstechen, das Gummi anheben und über Stift E legen. Auf der rechten Seite wiederholen: Das Gummi auf Stift C anheben und über Stift E legen.

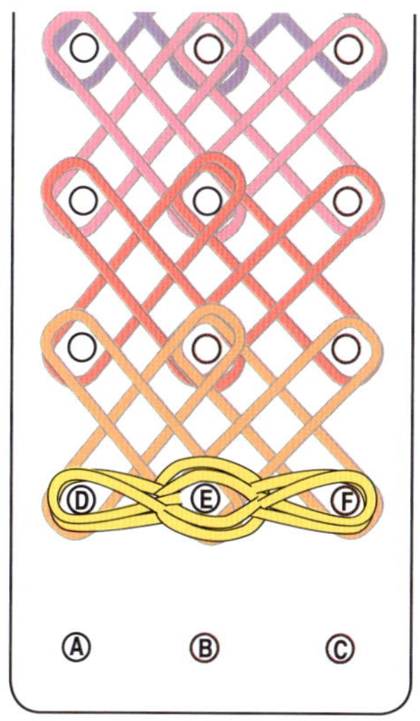

5 Die Häkelnadel in Stift B einstechen, das obere gelbe Gummi anheben und über Stift D legen. Danach das andere Gummi von Stift B anheben und über Stift F legen.

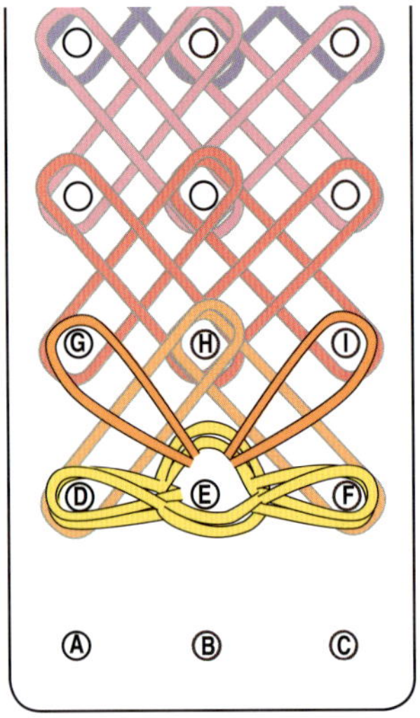

6 Die Häkelnadel in Stift E einstechen, das obere orange Gummi anheben und über Stift G legen. Wieder in Stift E einstechen, das andere orange Gummi anheben und über Stift I legen.

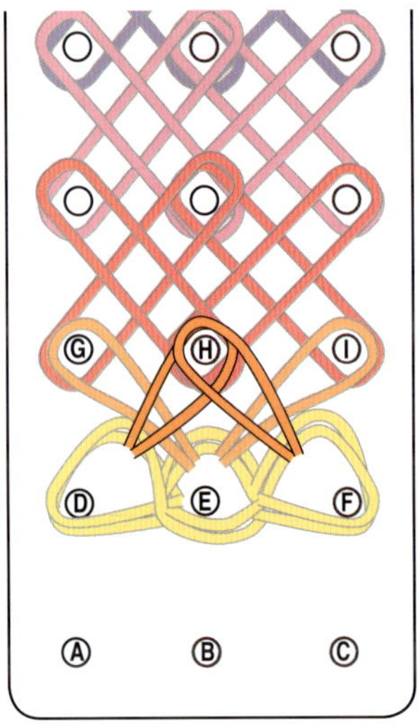

7 Die Häkelnadel in Stift D einstechen, das orange Gummi anheben und über Stift H legen. Die Häkelnadel in Stift E einstechen, das orange Gummi anheben und über Stift H legen.

8 Schritt 6 und 7 bis zum Ende des Looms wiederholen.

Noch mehr Ideen

Auf einem Loom mit 3 x 26 Stiften in gerader Anordnung immer abwechselnd eine Gruppe aus vier farbigen und eine aus vier weissen Gummis auslegen – bis zum Ende des Looms. Abhäkeln, wie in der Anleitung beschrieben. Die Enden mit einem C-Clip verbinden. Dieses Armband ist so lang, dass es nicht verlängert werden muss.

9 Die Schlaufen von den drei obersten Stiften auf die Häkelnadel nehmen. Dann das Armband vorsichtig von den Stiften nehmen. Die Schlaufen bleiben auf der Häkelnadel.

10 Zum Verlängern noch zehn rote Gummis mit der Häkelnadel befestigen (siehe Seite 15). Einen C-Clip in die Schlaufen auf der Häkelnadel und in die Schlaufen am Anfang des Armbands einhängen.

Totempfahl-Armband

Nimm für dieses Armband am besten leuchtende Farben – vielleicht die Farben deiner Lieblingsmannschaft.

SCHWIERIGKEITSGRAD
✻ ✻

Du brauchst

Loom

47 gelbe Gummis

22 orange Gummis

20 türkise Gummis

Häkelnadel

C-Clip

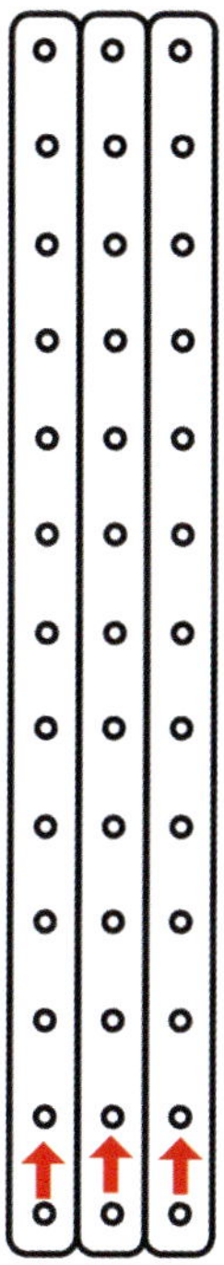

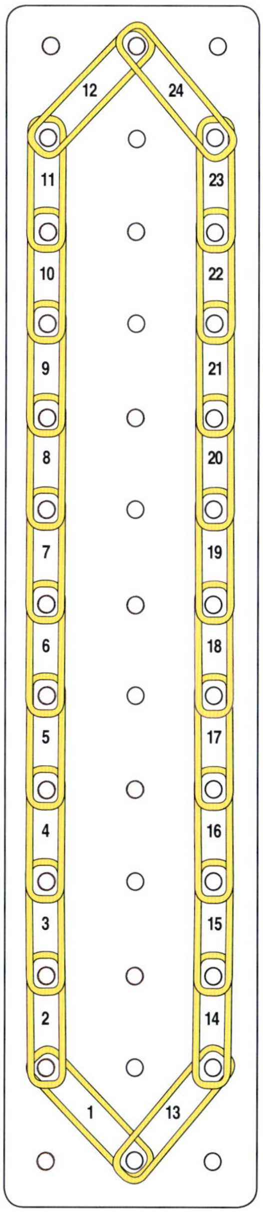

DER LOOM

Du brauchst einen Loom mit gerader Anordnung – 3 Stifte in der Breite und 13 Stifte in der Länge (siehe Seite 8).

1 24 gelbe Gummis so um die äußeren Stifte legen, wie es auf der Abbildung zu sehen ist.

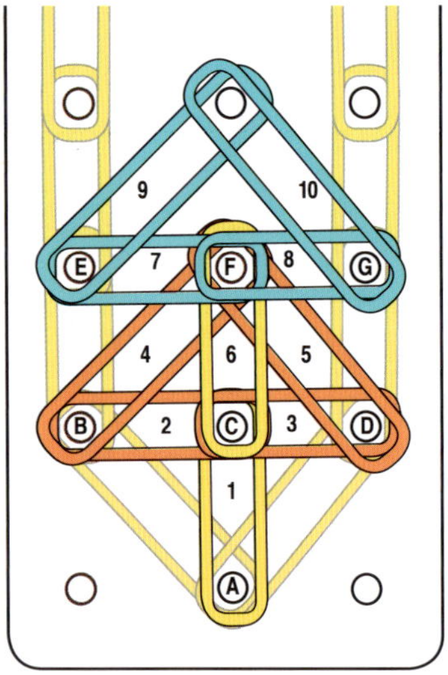

2 Ein gelbes Gummi um Stift A und C legen. Dann mit vier orange Gummis wie auf der Abbildung ein Dreieck legen. Ein gelbes Gummi um Stift C und F legen. Danach ein Dreieck mit türkisen Gummis legen.

3 Schritt 2 bis zum Ende des Looms wiederholen, mit zwei orange und einem gelben Gummi enden. Als Abschluss ein gelbes Gummi viermal um den obersten Stift wickeln.

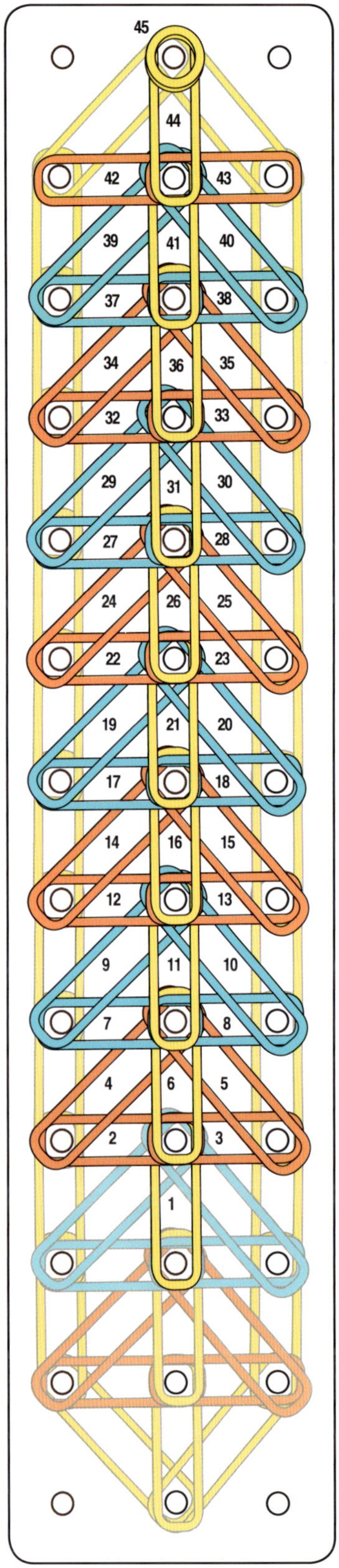

Noch mehr Ideen

Das Muster sieht auch als Halsschmuck toll aus. Dafür brauchst du einen Loom mit 3 Stiften in der Breite und 26 Stiften in der Länge und die doppelte Anzahl von Gummis.

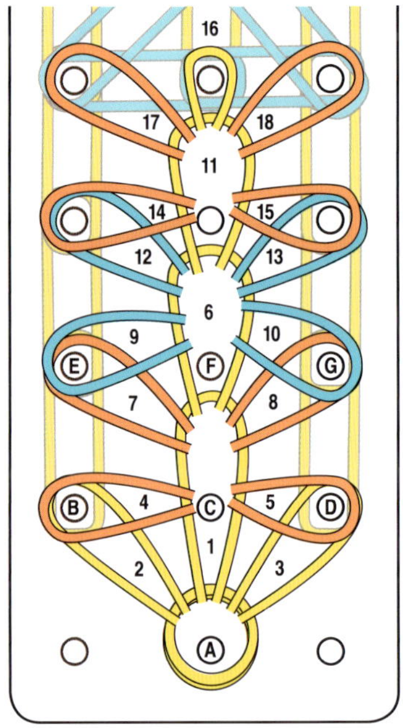

4 Den Loom umdrehen. Die Gummis mit der Häkelnadel vom Stift in der unteren Mitte in der gezeigten Reihenfolge über ihre Gegenstifte legen.

5 Schritt 4 bis zum Ende des Looms wiederholen.

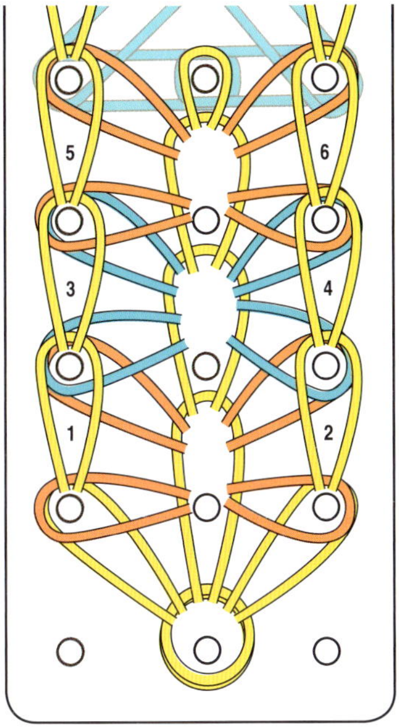

6 Wieder am unteren Ende des Looms beginnen. Die äußeren gelben Gummis über ihre Gegenstifte häkeln – in der gezeigten Reihenfolge bis zum Ende des Looms.

7 Alle Schlaufen vom oberen Stift auf die Häkelnadel nehmen. Das Armband vorsichtig vom Loom heben.

8 Zum Verlängern 10 gelbe Gummis mit der Häkelnadel befestigen (siehe Seite 15).

9 Die Schlaufen auf der Häkelnadel in einen C-Clip einhängen. Dann den Clip am Anfang des Armbands befestigen.

Nadelstreifen-Armband

Dieses Armband hat zwei verschiedene Seiten. Entscheide selbst, ob dir die schlichte oder die gestreifte besser gefällt.

SCHWIERIGKEITSGRAD

**

Du brauchst

Loom

100 rote Gummis

76 türkise Gummis

24 hellgrüne Gummis

26 silberne Gummis

C-Clip

Haken (wenn du möchtest)

DER LOOM

Wenn du einen gekauften Loom benutzt, musst du 8 Streifen zusammensetzen. Du brauchst einen Loom mit gerader Anordnung: 4 Stifte in der Breite und 26 Stifte in der Länge (siehe Seite 8).

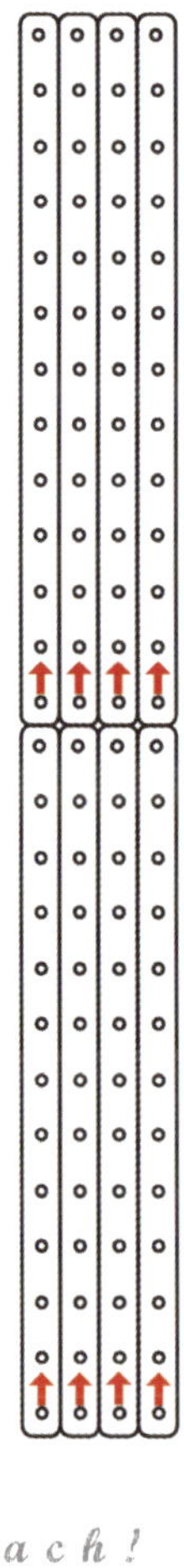

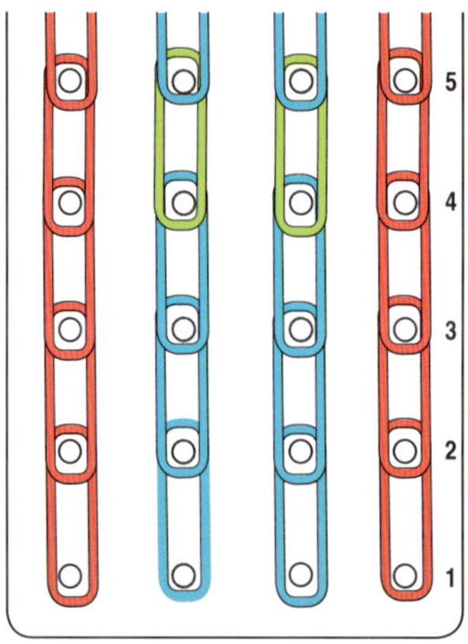

1 In der linken und rechten Reihe zwei rote Gummis jeweils über zwei Stifte legen, wie auf der Abbildung. Dann zwei türkise Gummis über die ersten drei Reihen der mittleren Stifte legen, danach zwei hellgrüne Gummis über die mittleren Stifte in Reihe 4. Bis zum Ende des Looms wiederholen. Die beiden letzten Reihen enden mit türkisen Gummis in der Mitte.

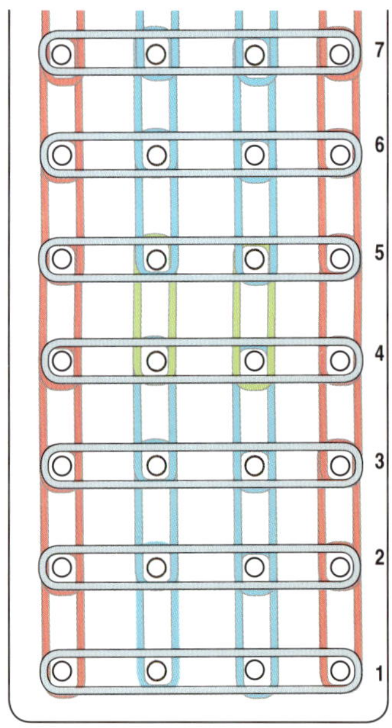

2 Nun in der anderen Richtung ein silbernes Gummi über vier nebeneinander liegende Stifte legen. Bis zum Ende des Looms wiederholen.

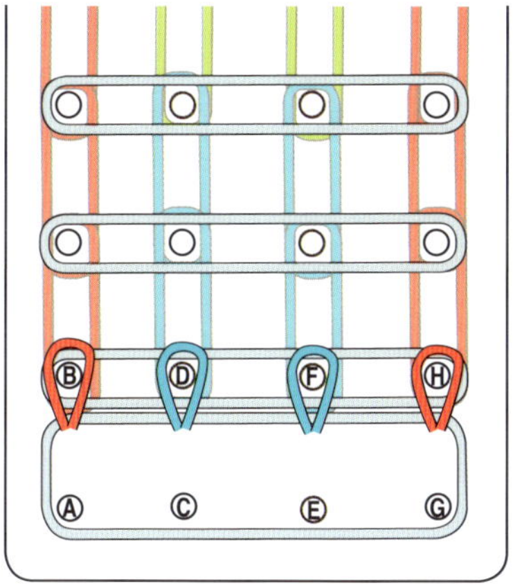

3 Den Loom umdrehen. Die Häkelnadel in Stift A einstechen und die beiden roten Gummis über Stift B legen. Mit den Stiften C und D, E und F, und G und H in der Reihe wiederholen.

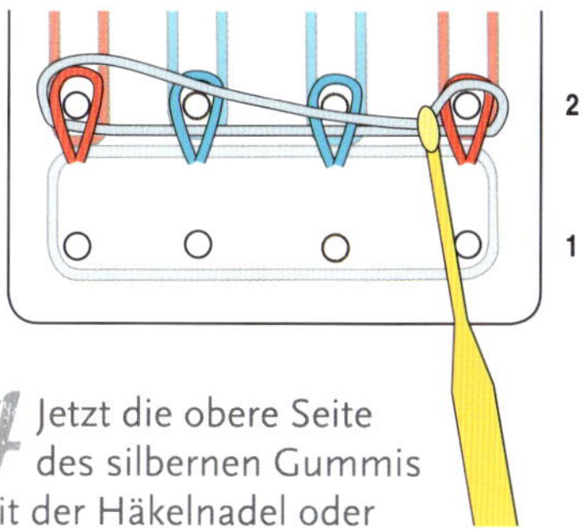

4 Jetzt die obere Seite des silbernen Gummis mit der Häkelnadel oder den Fingern über Reihe 2 heben und um Reihe 1 legen.

Tipp

Du kannst das Armband auch umdrehen!

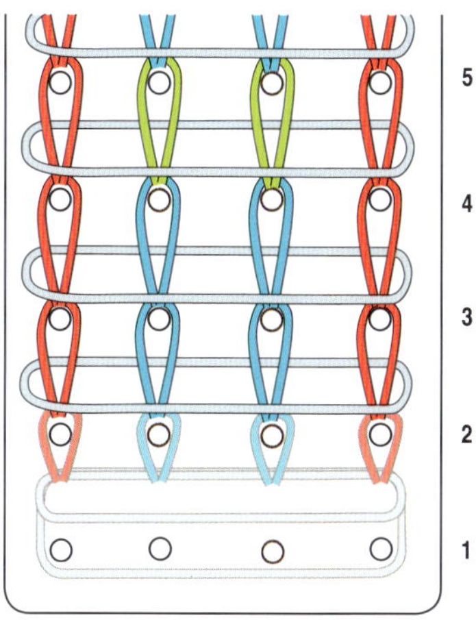

5 Schritt 3 und 4 bis zum Ende des Looms wiederholen.

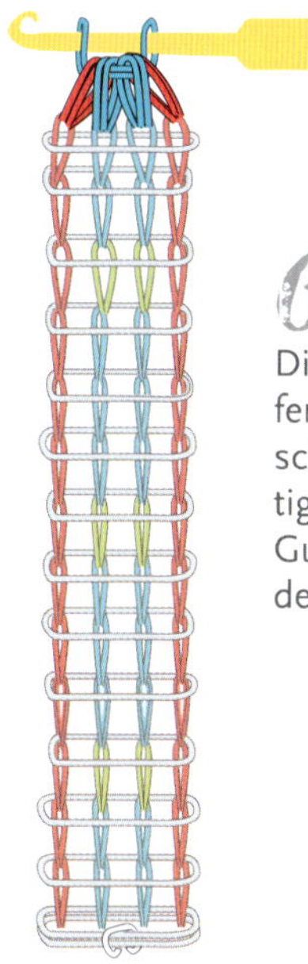

6 Einen C-Clip am untersten silbernen Gummi befestigen. Die Häkelnadel durch die Schlaufen auf den vier oberen Stiften schieben. Das Armband vorsichtig vom Loom nehmen und ein Gummi durch die 16 Schlaufen auf der Häkelnadel ziehen.

7 Die beiden Schlaufen dieses Gummis in den C-Clip am anderen Ende des Armbands einhängen.

Kette und Armband weiß umschlungen

Dieses Armband sieht ganz anders aus als alle anderen Modelle in diesem Buch. Am Anfang musst du aufpassen, denn die beiden Streifen des Looms müssen in entgegengesetzte Richtungen zeigen.

SCHWIERIGKEITSGRAD

*

Du brauchst

Loom

26 weiße Gummis

24 rosa Gummis

21 türkise Gummis

21 hellgrüne Gummis

1 weißes Gummi

Häkelnadel

C-Clip

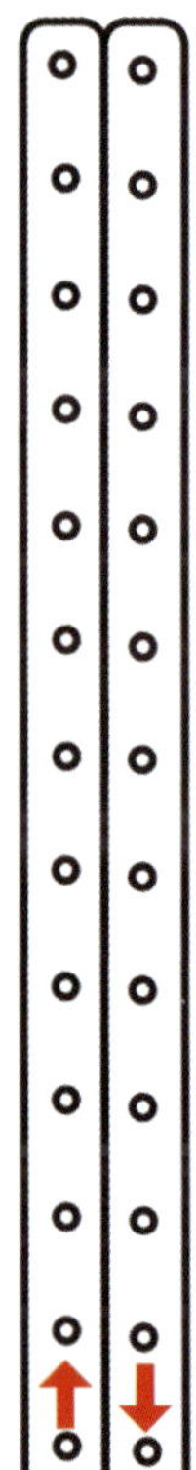

DER LOOM

Du brauchst einen Loom mit gerader Anordnung – 2 Stifte in der Breite und 13 Stifte in der Länge (siehe Seite 8). Der Pfeil auf dem linken Streifen zeigt von dir weg. Der Pfeil auf dem rechten Streifen zeigt zu dir.

Das Armband knüpfen

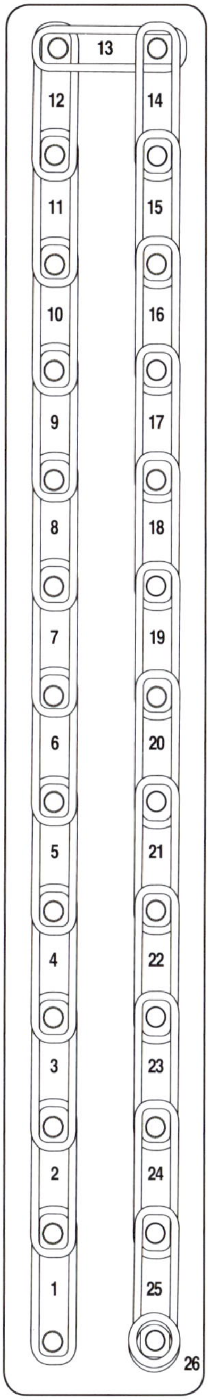

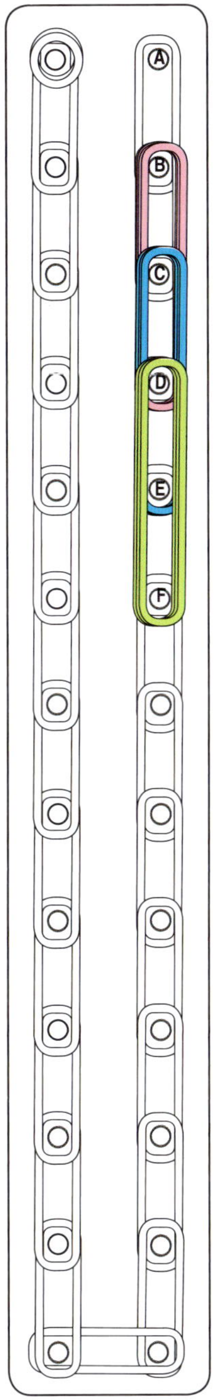

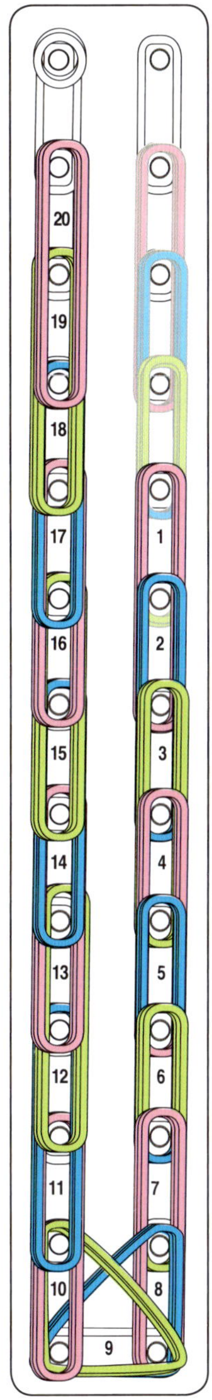

1 26 weiße Gummis wie auf der Abbildung auslegen. Für den Abschluss ein weißes Gummi viermal um den letzten Stift wickeln.

2 Den Loom umdrehen. Drei rosa Gummis über die Stifte B und D legen, drei türkise Gummis über die Stifte C und E, drei hellgrüne über die Stifte D und F.

3 Schritt 2 bis zum Ende des Looms wiederholen, mit drei rosa Gummis enden. An den Ecken werden die Gummis wie Dreiecke über die Stifte gelegt.

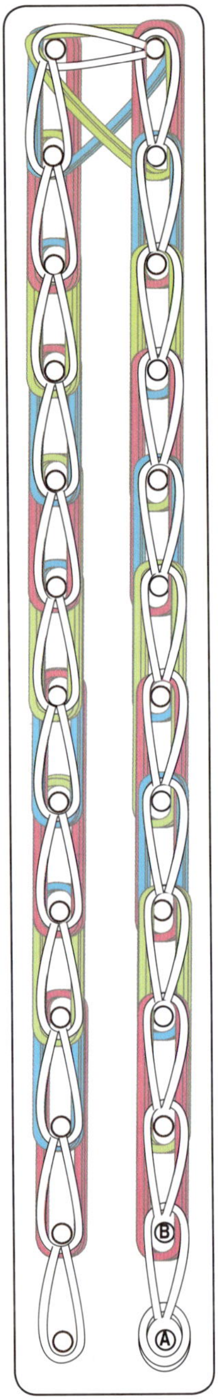

Die Kette knüpfen

Du brauchst

Loom

65 weiße Gummis

63 rosa Gummis

60 türkise Gummis

60 hellgrüne Gummis

Häkelnadel

C-Clip

Wenn du einen gekauften Loom benutzt, musst du zwei Streifen nebeneinander befestigen, damit er breit genug wird. Du brauchst 5 Stifte in der Breite und 13 Stifte in der Länge und die Pfeile müssen in entgegengesetzte Richtungen zeigen. Die weißen Gummis wie in Schritt 1 beim Armband auslegen, aber auf allen fünf Bahnen des Looms. Dann geht es wie beim Armband mit Schritt 2 bis 6 weiter.

4 Den Loom umdrehen. Die Häkelnadel in Stift A einstechen, das untere weiße Gummi anheben und über Stift B legen. Bis zum Ende der ersten Seite des Looms wiederholen. Dann den Loom umdrehen und ebenso fortfahren.

5 Alle Schlaufen vom letzten Stift auf die Häkelnadel nehmen, dann das Armband vorsichtig vom Loom lösen.

6 Die Schlaufen auf der Häkelnadel in einen C-Clip einhängen, dann auch das Abschlussgummi am C-Clip befestigen.

Irokesen-Armband

Dieses Armband sieht aus wie eine Irokesen-Frisur. Seine Besonderheit ist, dass die Gummis vor dem Abhäkeln überkreuzt werden. Das klingt schwieriger als es ist.

SCHWIERIGKEITSGRAD

✻

Du brauchst

Loom

26 rote Gummis

44 schwarze Gummis

Häkelnadel

C-Clip

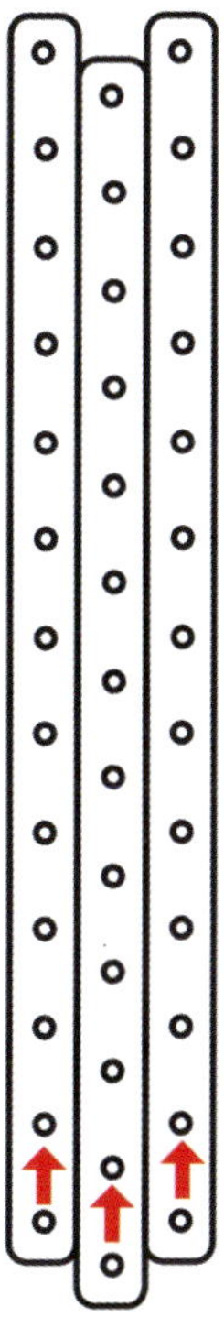

DER LOOM

Du brauchst einen Loom mit schräger Anordnung – 3 Stifte in der Breite und 13 Stifte in der Länge (siehe Seite 10).

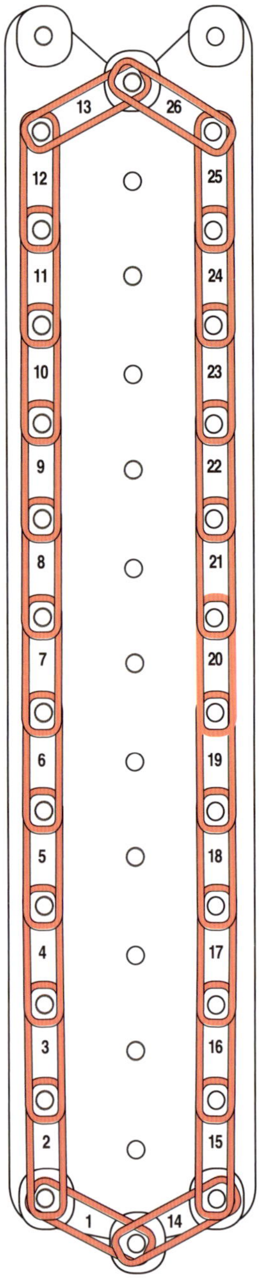

Noch mehr Ideen

Wenn dein Armband bunter werden soll, nimm türkise Gummis für die Seiten (Schritt 1), schwarze für die mittlere Reihe und rote für die Diagonalen. Kontrastfarben sehen toll aus, aber du kannst das Armband auch edel Ton in Ton knüpfen.

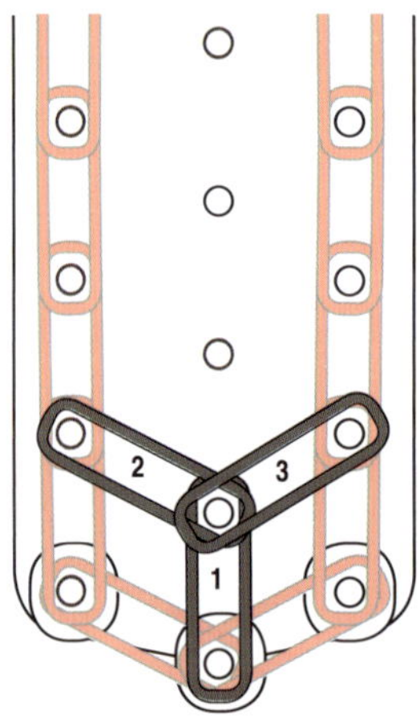

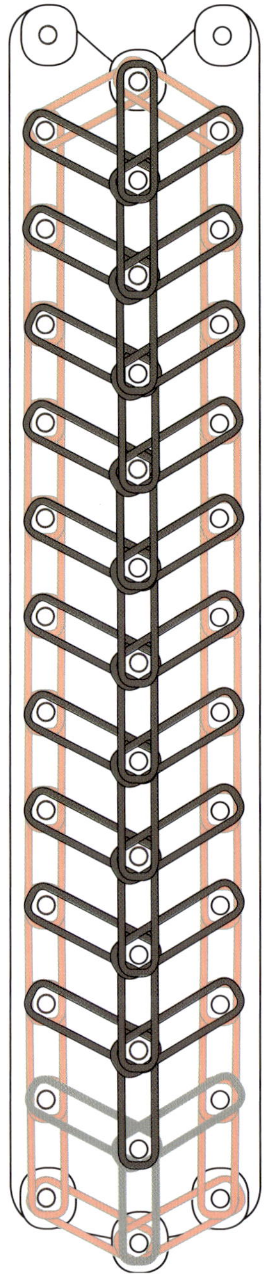

1 Das spitze Ende des Looms zeigt zu dir. Die roten Gummis wie auf der Abbildung um die Stifte legen.

2 Ein schwarzes Gummi um die beiden unteren Stifte in der Mitte legen. Vom zweiten Stift in der Mitte je ein schwarzes Gummi schräg nach links und rechts legen.

3 Schritt 2 bis zum Ende des Looms wiederholen.

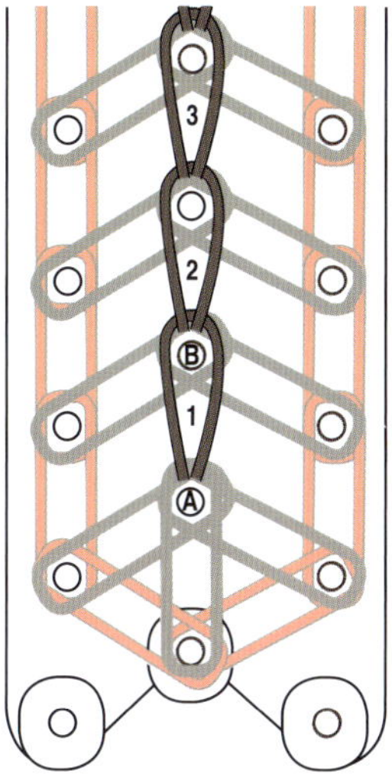

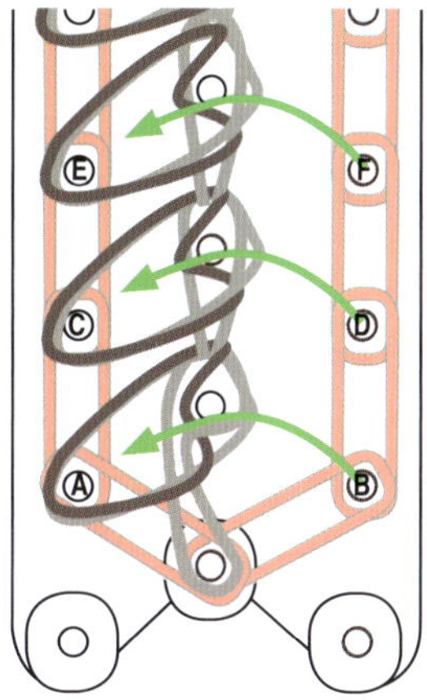

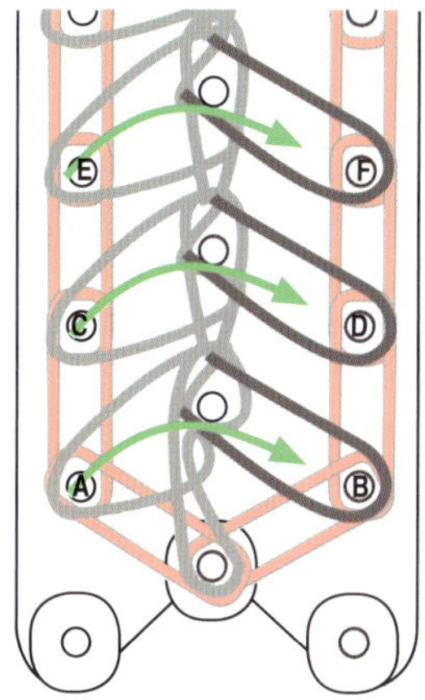

4 Den Loom umdrehen. Das spitze Ende zeigt nun von dir weg. Die Häkelnadel in Stift A einstechen, das untere Gummi anheben und über Stift B legen. Bis zum Ende des Looms wiederholen.

5 Am unteren Ende des Looms beginnen. Das schwarze Gummi von Stift B und über Stift A legen. Bis zum Ende des Looms wiederholen.

6 Wieder am unteren Ende des Looms beginnen. Jetzt die Häkelnadel in Stift A einstechen, das untere Gummi anheben und über Stift B legen. Nun liegen zwei gedrehte Gummis übereinander. Bis zum Ende des Looms wiederholen.

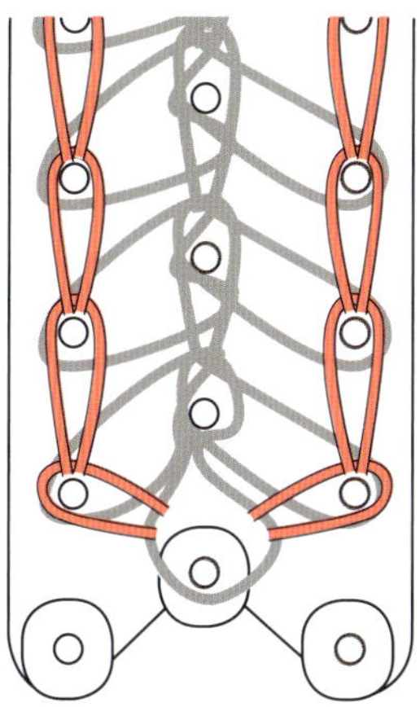

7 Wieder am unteren Ende beginnen. Das obere rote Gummi in der Mitte mit der Häkelnadel über den Gegenstift legen. Bis zum oberen Ende wiederholen, zuerst auf der linken Seite, dann auf der rechten.

8 Die Häkelnadel durch alle Schlaufen auf dem Stift in der oberen Mitte stecken. Das Armband vorsichtig vom Loom nehmen, aber an der Häkelnadel hängen lassen. Mit der Häkelnadel noch zehn schwarze Gummis befestigen (siehe Seite 15), damit es lang genug für dein Handgelenk wird.

9 Die Schlaufen auf der Häkelnadel in einen C-Clip einhängen, dann den C-Clip an den Schlaufen am Anfang des Armbands befestigen.

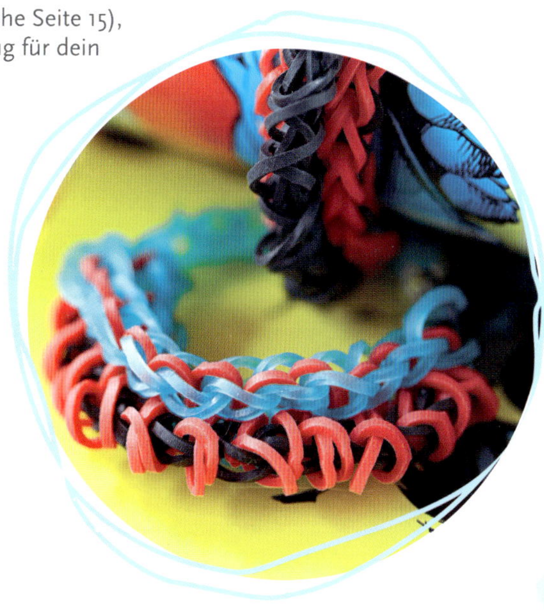

Dieses Armband ist einfach zu knüpfen und schnell fertig. Mir gefällt es mit doppelten weißen Gummis gut, aber du kannst es auch mit einzelnen versuchen.

Konfetti-Armband

SCHWIERIGKEITSGRAD

*

Du brauchst

- Loom
- 52 weiße Gummis
- 5 neonblaue Gummis
- 5 neongelbe Gummis
- 5 neonorange Gummis
- 5 neongrüne Gummis
- 5 neonlila Gummis
- Häkelnadel
- C-Clip

DER LOOM

Du brauchst einen Loom mit schräger Anordnung – 3 Stifte in der Breite und 26 Stifte in der Länge (siehe Seite 10). Wenn du einen gekauften Loom benutzt, musst du mehrere Streifen zusammensetzen.

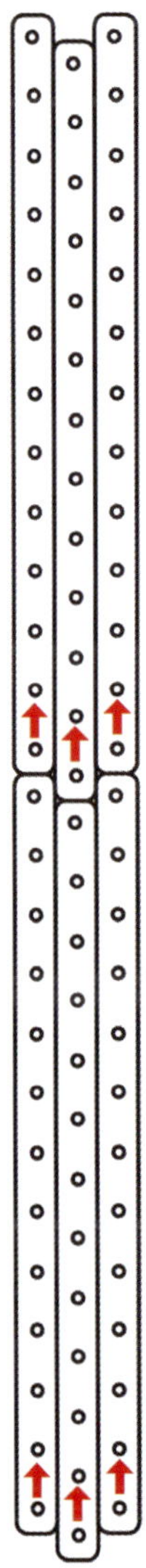

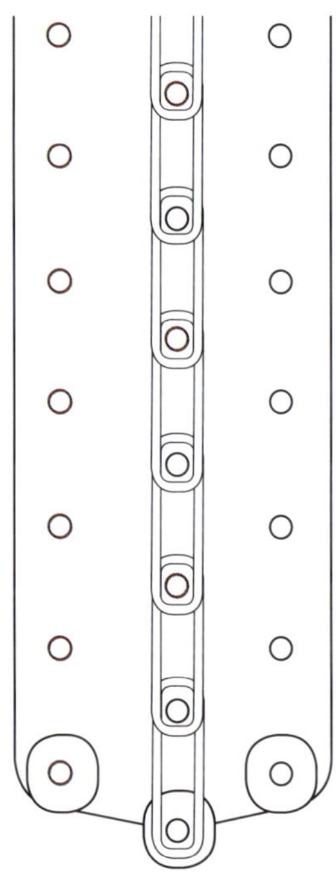

1 Das spitze Ende des Looms zeigt zu dir. In der mittleren Reihe über jedes Stiftpaar zwei weiße Gummis legen.

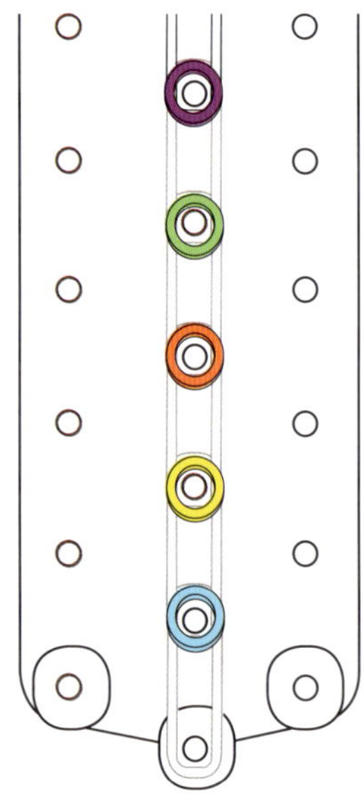

2 Jeden Stift (außer dem ersten) viermal mit einem Gummi umwickeln, wie für ein Abschlussgummi. Die Farbreihenfolge ist: Blau, Gelb, Orange, Grün, Lila. Bis zum Ende des Looms wiederholen.

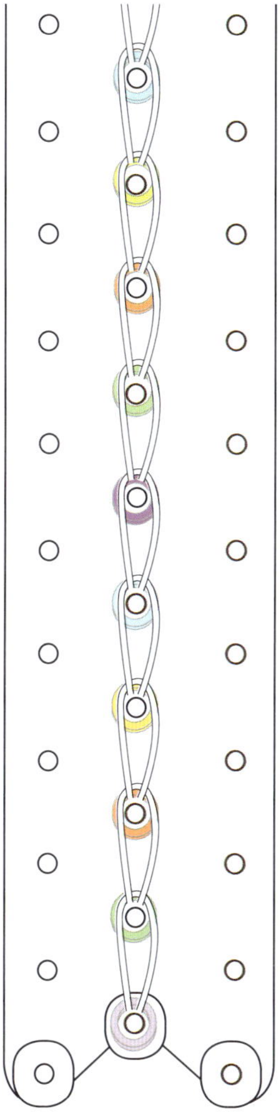

3 Den Loom umdrehen. Das spitze Ende zeigt nun von dir weg. Die Häkelnadel am ersten Stift einstechen. Die weißen Gummis anheben und über den nächsten, darüber liegenden Stift legen. Bis zum Ende des Looms wiederholen.

4 Die Häkelnadel durch alle Schlaufen stecken, die auf dem oberen Stift liegen. Das Armband vorsichtig vom Loom nehmen, aber auf der Häkelnadel lassen.

5 Die Schlaufen auf der Häkelnadel in einen C-Clip einhängen, dann den C-Clip ins Abschlussgummi am Anfang des Armbands einhaken.

Drachenschuppen-Armband

Bei diesem Armband werden die Gummis anders abgehäkelt als bei anderen Modellen in diesem Buch. Versuch's einmal, es ist gar nicht schwer!

SCHWIERIGKEITSGRAD

✻ ✻

Du brauchst

Loom

48 gelbe Gummis

30 türkise Gummis

Häkelnadel

3 C-Clips

DER LOOM

Dein Loom muss mindestens 6 Stifte lang sein. Er wird gedreht und liegt waagerecht. Du brauchst nur eine Reihe des Looms, aber benutze trotzdem lieber einen Loom mit drei Reihen: Er kippt beim Knüpfen nicht so leicht um.

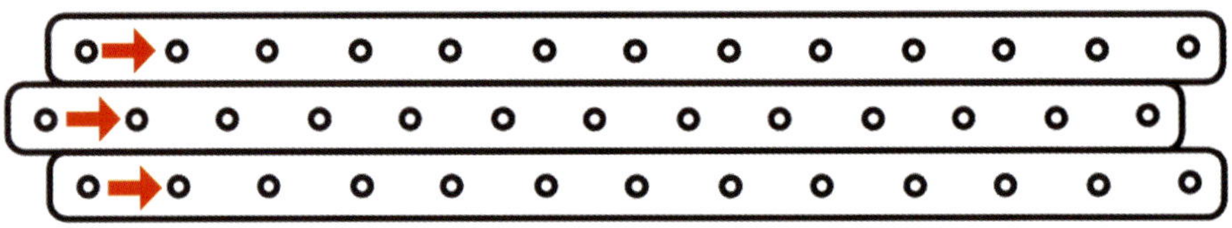

1 Ein gelbes Gummi wie eine 8 über die Stifte A und B legen. Zwei weitere gelbe Gummis ebenso über die Stifte C und D und die Stifte E und F legen.

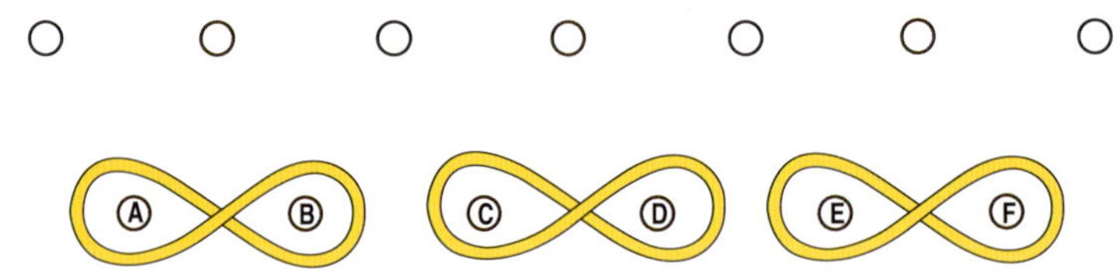

2 Ein türkises Gummi wie eine 8 über die Stifte B und C legen. Ein zweites ebenso über die Stifte D und E legen.

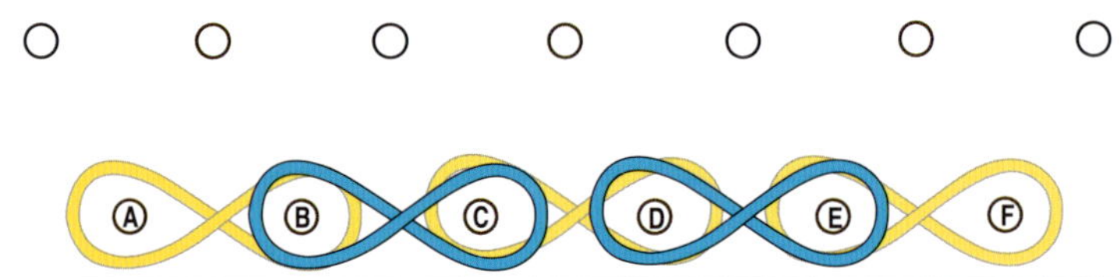

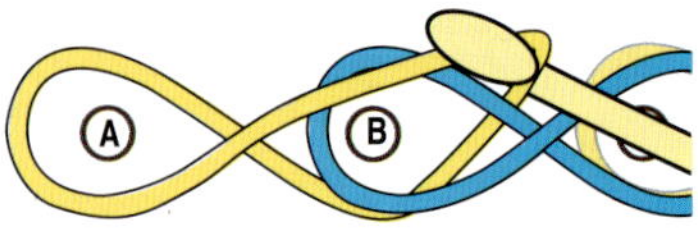

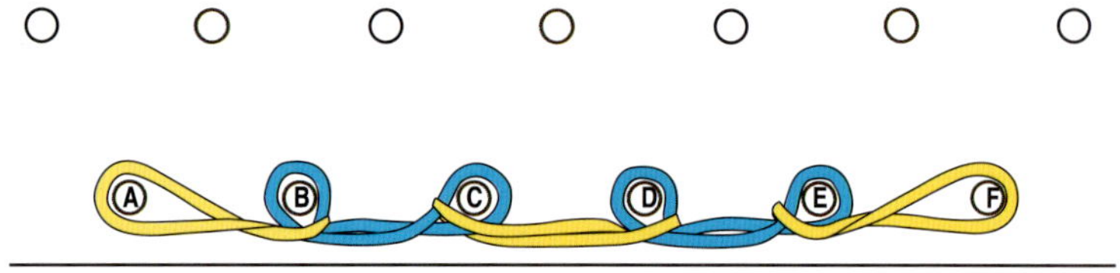

3 An Stift B das untere gelbe Band mit der Häkelnadel erfassen und nach vorn über Stift B legen. Wenn das gelbe Band nicht gedreht ist, nachdem du das gemacht hast, hebe es von Stift A ab: es verdreht sich automatisch und du kannst es wieder auf Stift A zurück legen.

4 Bei Stift C, D, und E wiederholen.

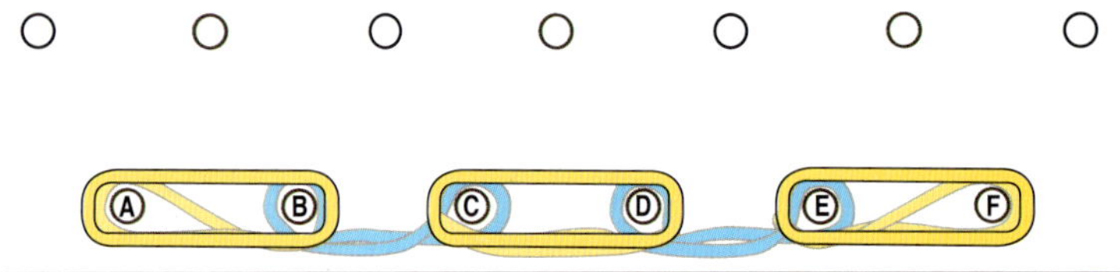

5 Nun gelbe Bänder – nicht gedreht! – über Stifte A und B, Stifte C und D und Stifte E und F legen.

6 Wie in Schritt 3 das untere gelbe Gummi an Stift A erfassen und nach vorn über den Stift legen. Von Stift B bis E wiederholen, dabei das untere türkise Band anheben und nach vorn über den Stift legen. An Stift F das untere gelbe Band nach vorn über Stift F legen.

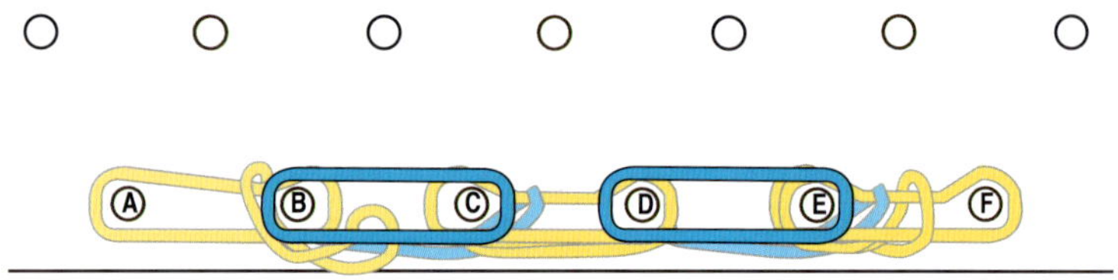

7 Ungedrehte türkise Bänder über die Stifte B und C und die Stifte D und E legen.

8 Wie in Schritt 3 das untere gelbe Gummi an Stift B erfassen und nach vorn über den Stift legen. Bei den Stiften C, D und E wiederholen.

9 Schritt 5 bis 8 wiederholen, bis du 15 Reihen aus gelben Gummis und 15 Reihen aus türkisen Gummis hast.

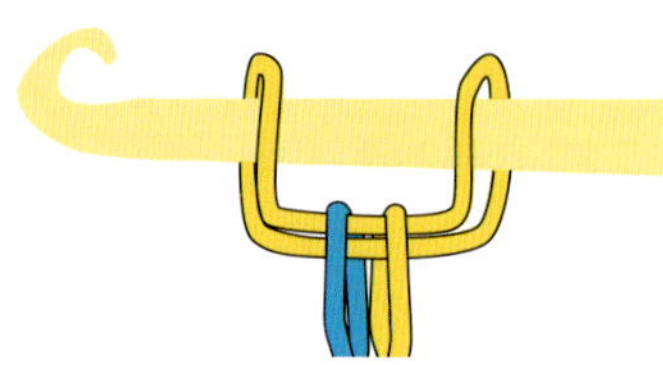

10 Die Häkelnadel in die Schlaufen auf den Stiften F und E schieben. Die Schlaufen vom Loom nehmen und ein weiteres gelbes Band durch die Schlaufen auf der Häkelnadel ziehen.

Noch mehr Ideen

Wenn das Armband dicker werden soll, kannst du immer zwei Gummis auslegen. Dann musst du beim Abhäkeln auch beide Gummis erfassen. Wenn dir die Technik gut gelingt, möchtest du vielleicht andere Farbkombinationen ausprobieren.

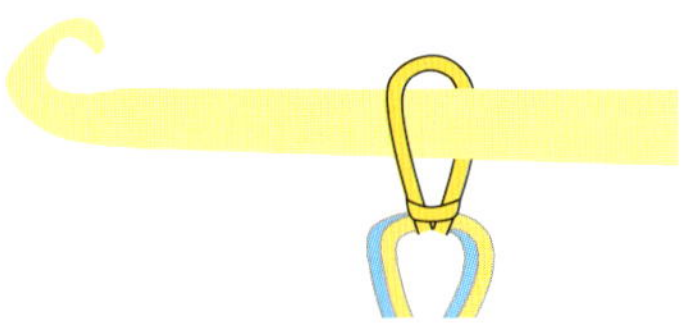

11 Ein Ende des letzten Gummis durch das andere ziehen. Gut festziehen, damit es hält.

12 Mit den Schlaufen von den Stiften D und C und den Stiften B und A wiederholen.

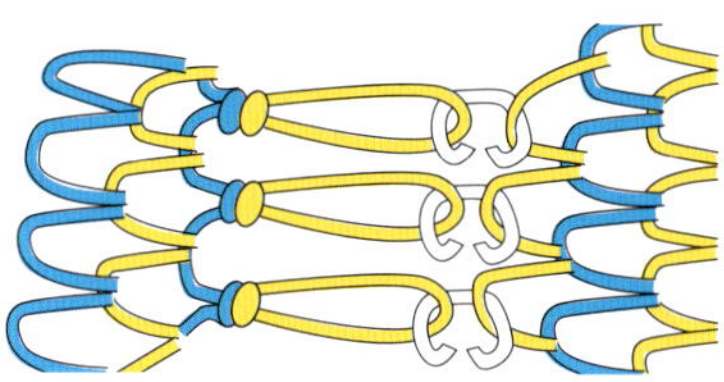

13 Die drei Endschlaufen mit C-Clips an den Gummis am Anfang des Armbands befestigen.

Kapitel 2

Raffiniert!

Schmetterlings-Kette

**Diese hübsche Kette ist ganz einfach zu knüpfen.
Für ein passendes Armband brauchst du nur einen Loom.**

SCHWIERIGKEITSGRAD

*

Du brauchst

Loom

49 blaue Gummis

36 türkise Gummis

24 hellgrüne Gummis

24 weiße Gummis

Häkelnadel

C-Clip

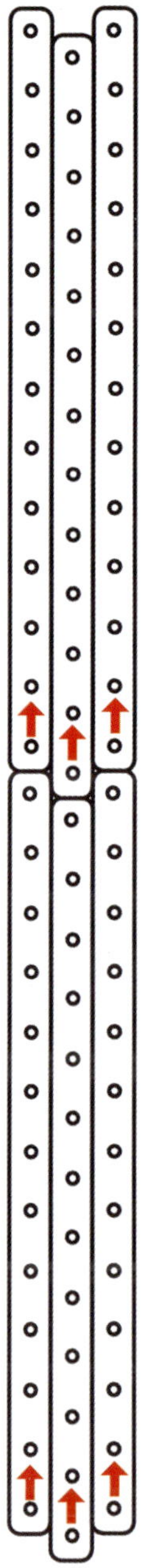

DER LOOM

Wenn du einen gekauften Loom benutzt, musst du vielleicht Streifen zur passenden Größe zusammensetzen. Du brauchst einen Loom mit schräger Anordnung – 3 Stifte in der Breite und 26 Stifte in der Länge (siehe Seite 10).

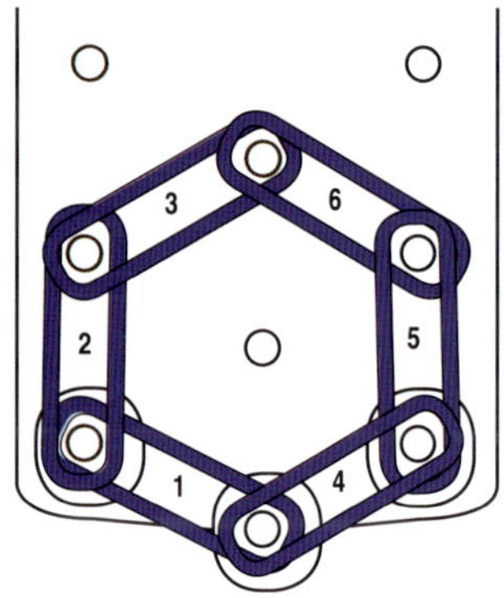

1 Das spitze Ende des Looms zeigt zu dir. Sechs blaue Gummis wie auf der Abbildung in Sechseckform um die Stifte legen.

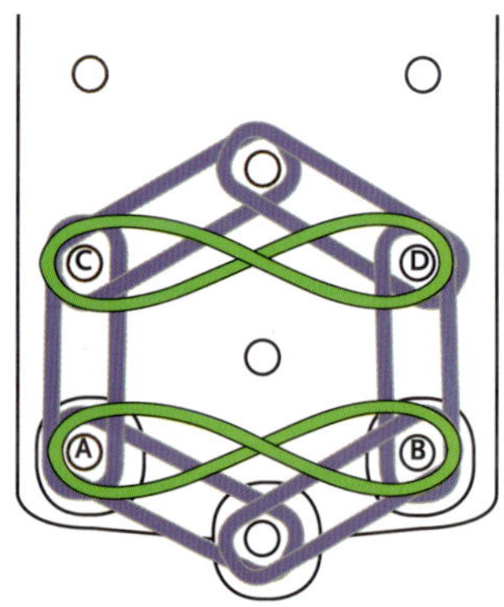

2 Zwei hellgrüne Gummis wie eine 8 drehen und über die Stifte A und B legen. Zwei weitere hellgrüne Gummis ebenso über die Stifte C und D legen.

3 Schritt 1 und 2 mit Gummis in Türkis und Weiß wiederholen.

4 Schritt 1 bis 3 bis zum Ende des Looms wiederholen. Ein blaues Abschlussgummi viermal um den Stift in der oberen Mitte wickeln.

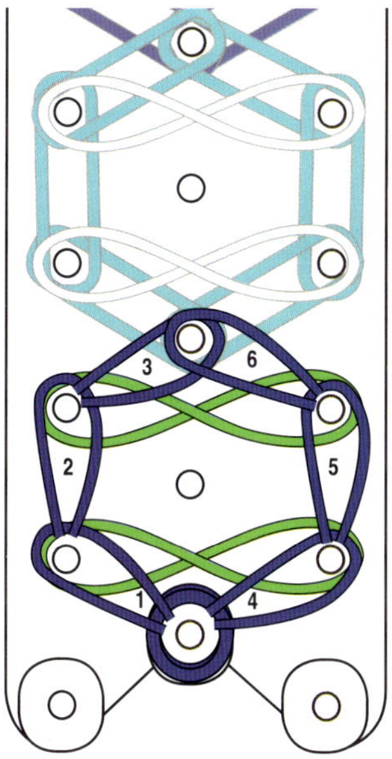

5 Den Loom umdrehen. Das spitze Ende zeigt nun von dir weg. Die Häkelnadel am Stift in der unteren Mitte einstechen. Das obere blaue Gummi (aber nicht das Abschlussgummi) anheben und über den Gegenstift legen. Mit allen Gummis des Sechsecks in der angegebenen Reihenfolge wiederholen.

6 Schritt 5 bis zum Ende des Looms wiederholen.

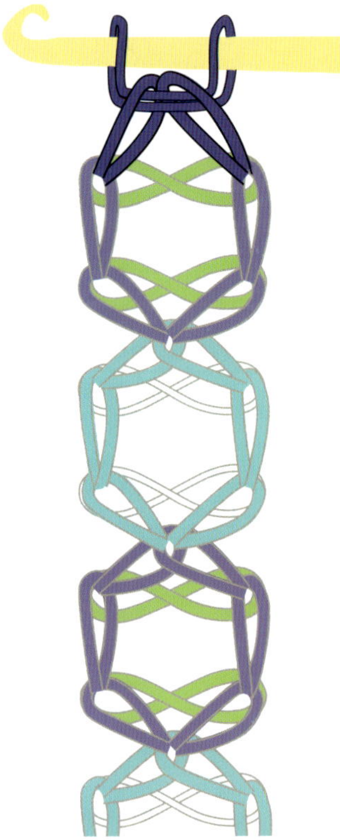

7 Die Häkelnadel durch alle Schlaufen auf dem Stift in der oberen Mitte schieben. Die Kette vorsichtig vom Loom nehmen.

8 Mit der Häkelnadel die Kette so verlängern (siehe Seite 15), dass sie gut um deinen Hals passt. Dafür brauchst du ungefähr 12 blaue Gummis.

9 Die Schlaufen auf der Häkelnadel in einen C-Clip einhängen. Dann den Clip in die Schlaufen am anderen Ende der Kette einhaken.

Sternen-Armband

Dieses tolle Armband gefällt auch Jungs – es kommt nur auf die richtigen Farben an.

SCHWIERIGKEITSGRAD

✻ ✻

Du brauchst

Loom

36 weiße Gummis

7 gelbe Gummis

7 hellblaue Gummis

7 orange Gummis

7 grüne Gummis

7 rote Gummis

8 dunkelblaue Gummis

Häkelnadel

C-Clip

DER LOOM

Du brauchst einen Loom mit schräger Anordnung – 3 Stifte in der Breite und 13 Stifte in der Länge (siehe Seite 10).

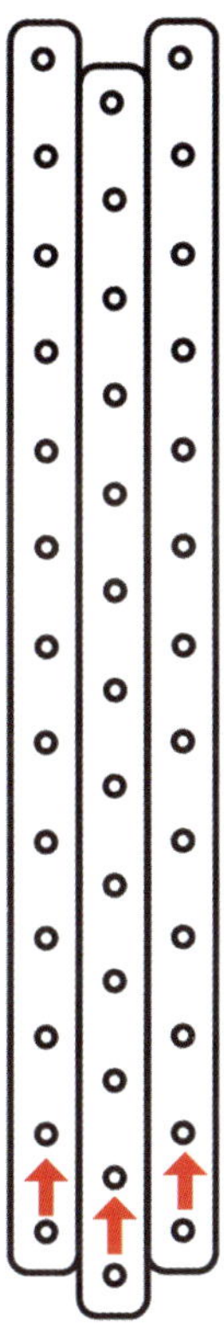

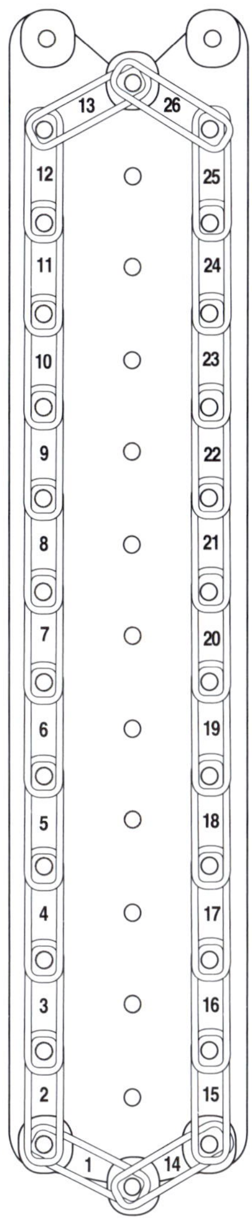

1 Das spitze Ende des Looms zeigt zu dir. Lege weiße Gummis wie auf der Abbildung immer über zwei Stifte.

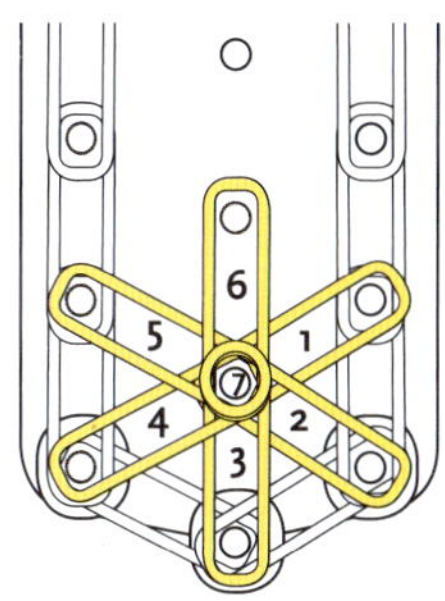

2 Nun gelbe Gummis in Sternform auflegen (siehe Abbildung) und um den Stift in der Mitte des Sterns ein gelbes Abschlussgummi viermal herumwickeln.

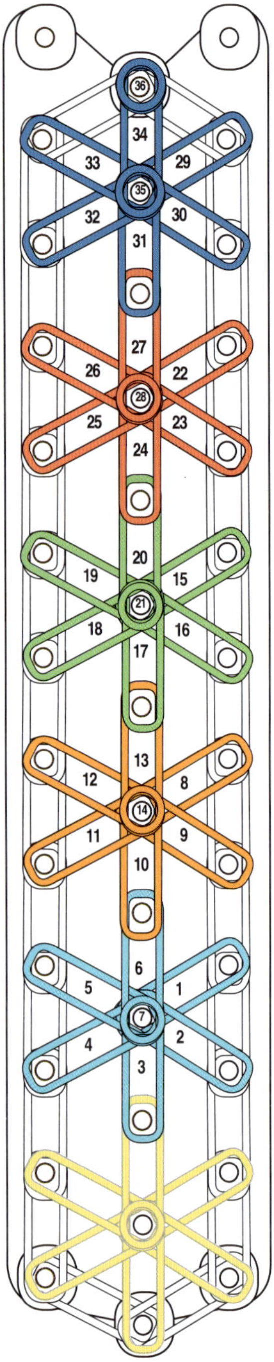

3 Schritt 2 mit Gummis in Hellblau, Orange, Grün, Rot und Dunkelblau wiederholen. Um den Stift in der oberen Mitte ein dunkelblaues Abschlussgummi wickeln.

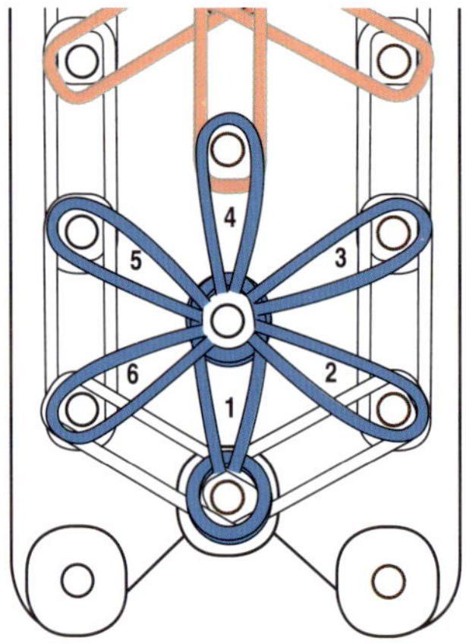

4 Den Loom umdrehen. Das spitze Ende zeigt nun von dir weg. Mit der Häkelnadel beim Stift in der unteren Mitte das dunkelblaue Gummi unter dem Abschlussgummi anheben und über den Gegenstift (den Stift in der Mitte des Sterns) legen. Mit allen Gummis des Sterns in der angegebenen Reihenfolge wiederholen.

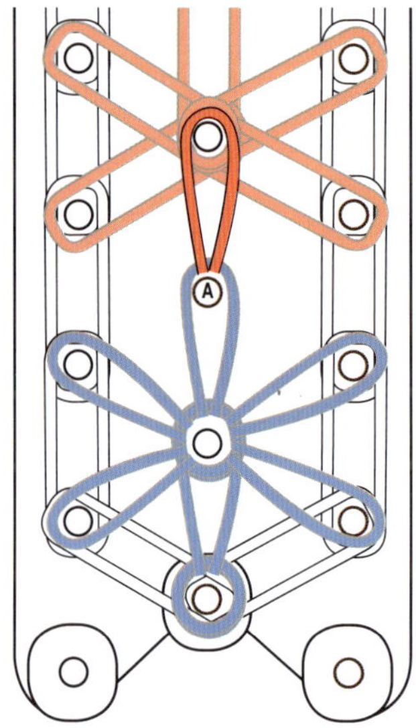

5 Beim zweiten Stern die Häkelnadel in den untersten Stift einstechen (Stift A), das rote Gummi anheben und über den mittleren Stift legen.

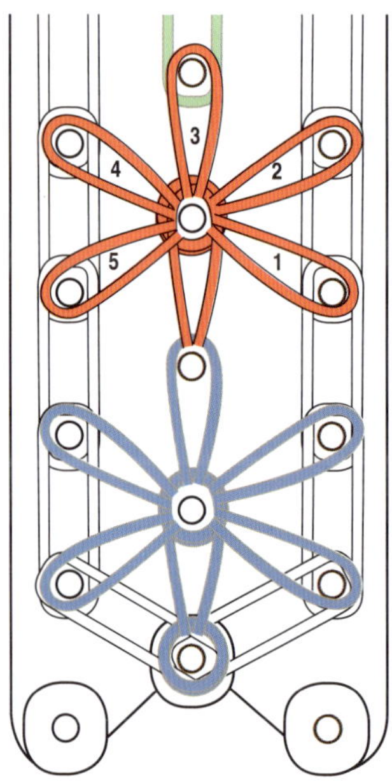

6 Alle anderen Gummis des Sterns am Mittelstift anheben und in der angegebenen Reihenfolge über den Gegenstift legen. Schritt 5 und 6 mit den restlichen Sternen wiederholen.

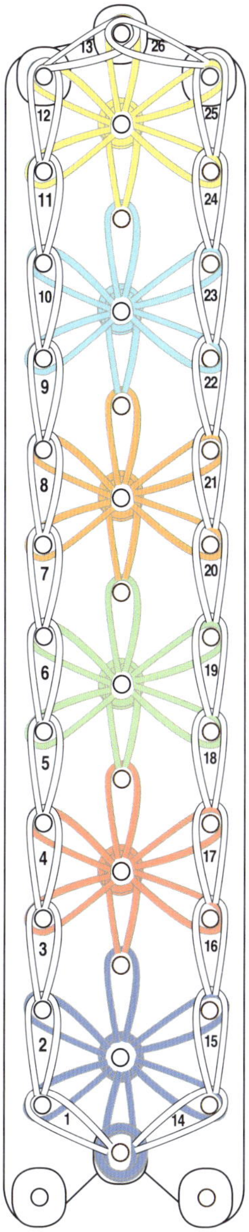

7 Danach am unteren Ende des Looms beginnen und alle weißen Gummis in der angegebenen Reihenfolge über ihre Gegenstifte legen.

8 Einen C-Clip ins Abschlussgummi am unteren Ende des Looms einhängen. Die Häkelnadel durch alle Schlaufen am oberen Ende schieben. Das Armband vorsichtig vom Loom nehmen. Das Armband mitsamt der Häkelnadel zur Seite legen.

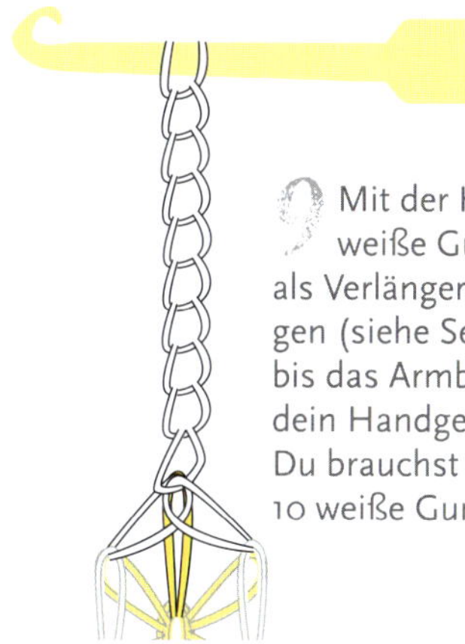

9 Mit der Häkelnadel weiße Gummis als Verlängerung anbringen (siehe Seite 15), bis das Armband um dein Handgelenk passt. Du brauchst ungefähr 10 weiße Gummis.

10 Die Schlaufen von der Häkelnadel in den C-Clip am anderen Ende des Armbands einhängen.

Noch mehr Ideen

Die Farben leuchten noch toller, wenn du für den Rand schwarze Gummis verwendest.

Gedrehtes Armband

Das verdrehte Muster sieht schwieriger aus als es ist. Knüpfe es in den Lieblingsfarben deiner besten Freundin – als Geschenk.

SCHWIERIGKEITSGRAD

✻✻

Du brauchst

Loom

30 lila Gummis

25 rosa Gummis

25 blaue Gummis

Häkelnadel

C-Clip

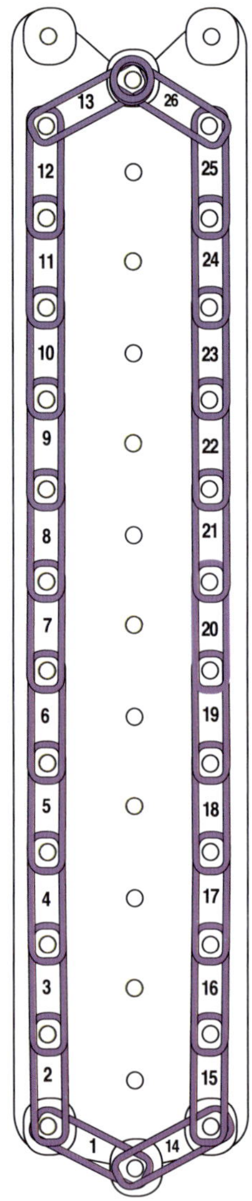

1 Das spitze Ende des Looms zeigt zu dir. Die lila Gummis rings um den Rand wie auf der Abbildung auslegen. Ein Abschlussgummi um den Stift in der oberen Mitte legen und viermal herumwickeln.

DER LOOM

Du brauchst einen Loom mit schräger Anordnung – 3 Stifte in der Breite und 13 Stifte in der Länge (siehe Seite 10).

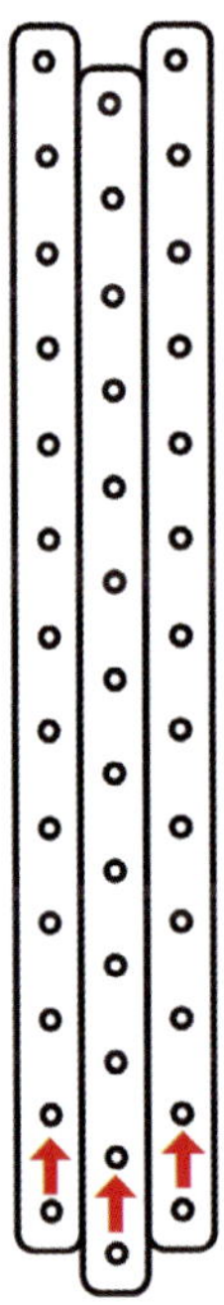

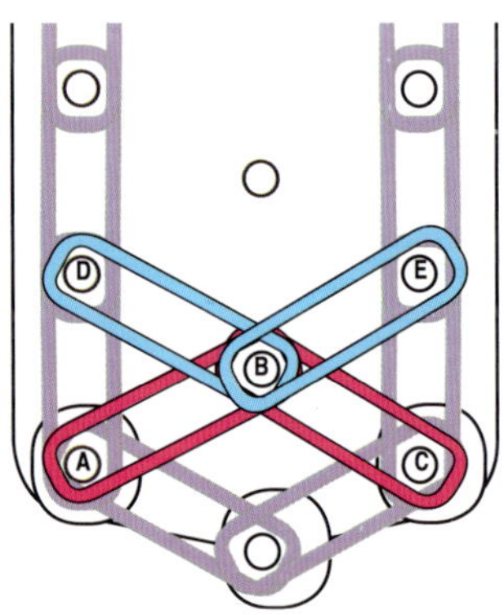

2 Ein rosa Gummi um die Stifte A und B legen, ein zweites rosa Gummi um die Stifte B und C. Dann ein blaues Gummi um die Stifte D und B legen, ein zweites blaues Gummi um die Stifte B und E.

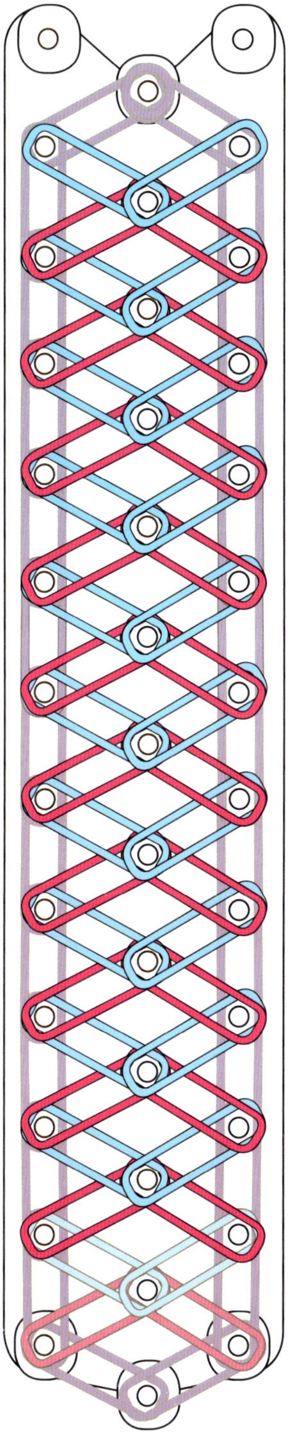

3 Schritt 2 bis zum Ende des Looms wiederholen.

4 Den Loom umdrehen. Das spitze Ende zeigt nun von dir weg. Am Stift in der unteren Mitte beginnen. Das lila Gummi unter dem Abschlussgummi anheben und über den Gegenstift legen (1). Mit dem anderen Band auf diesem Mittelstift wiederholen (2). Dann auf jeder Seite die untere Schlaufe des lila Gummis über den darüber liegenden Stift legen (3 und 4).

Nun die blauen Bänder über die Gegenstifte in der Mitte legen: Die Häkelnadel in Stift A einstechen, das blaue Gummi anheben und über Stift B legen (5).

Mit dem blauen Gummi auf der anderen Seite zwischen Stift C und B wiederholen (6).

Zuletzt die Häkelnadel in Stift B einstechen, das rosa Band anheben und über Stift D legen (7).

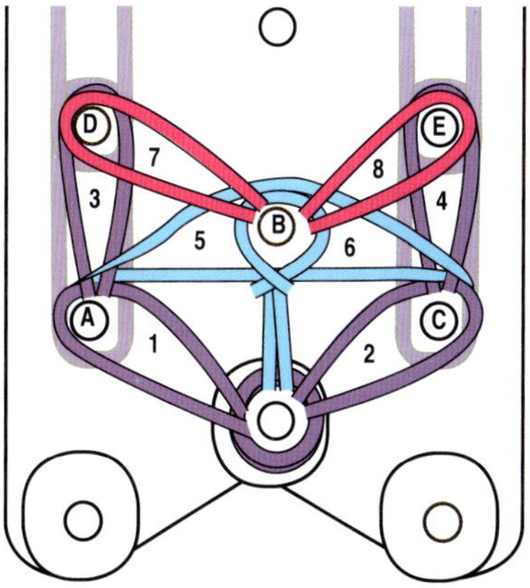

Mit dem rosa Gummi auf der anderen Seite und den Stiften B und E wiederholen (8).

5 Bis zum Ende des Looms wiederholen. Die Gummis so abhäkeln, wie in Schritt 4 angegeben ist (aber 1 und 2 auslassen). Die beiden oberen lila Gummis über den Stift in der oberen Mitte legen.

6 Die Häkelnadel in die Schlaufen auf dem Stift in der oberen Mitte schieben und das Armband vorsichtig vom Loom nehmen. Das Armband mitsamt der Häkelnadel zur Seite legen.

7 Das spitze Ende des Looms zeigt zu dir. 9 Gummis in abwechselnden Farben wie auf der Abbildung auslegen. Das Armband mit einem weiteren Gummi am letzten Stift befestigen.

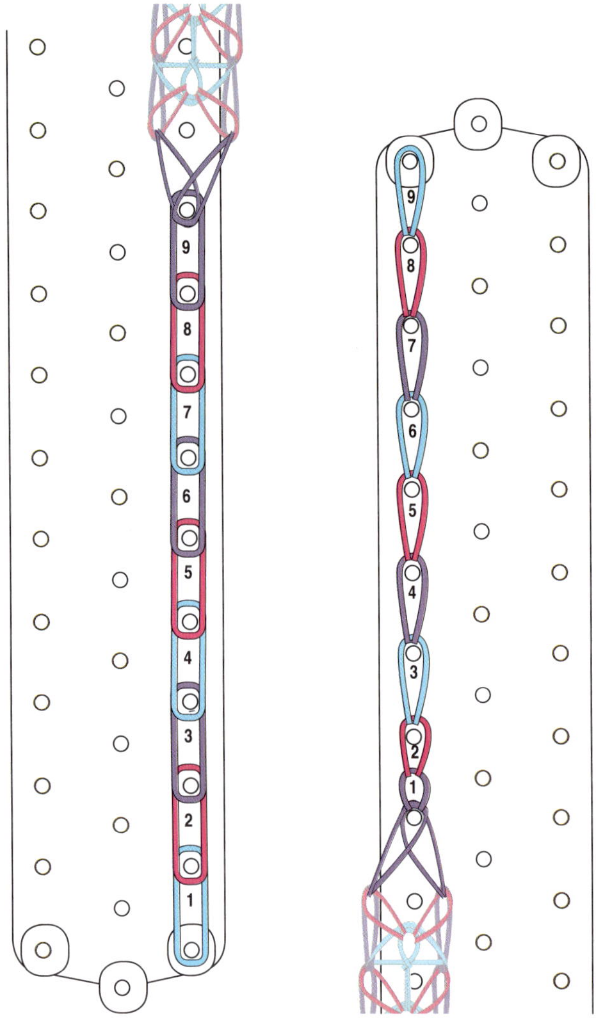

8 Den Loom umdrehen. Das spitze Ende zeigt nun von dir weg. Die Häkelnadel am Stift, an dem das Armband hängt, einstechen und den unteren Teil jedes Gummis in der gezeigten Reihenfolge über den nächsten Stift legen.

9 Die Häkelnadel in die Schlaufen auf dem letzten Stift stecken und die Schlaufen vom Loom nehmen. Einen C-Clip in diese Schlaufen und in das Abschlussgummi am anderen Ende des Armbands einhängen.

Pfeil-Armband

Für dieses tolle Armband brauchst du etwas mehr Übung. Es hat zwei verschiedene Seiten. Du kannst selbst entscheiden, welche du nach außen drehen willst. Wichtig ist, die Gummis in Schritt 4 richtig auszulegen.

SCHWIERIGKEITSGRAD

* * *

Du brauchst

Loom

26 neongrüne Gummis

23 neongelbe Gummis

36 neonrosa Gummis

Häkelnadel

C-Clip

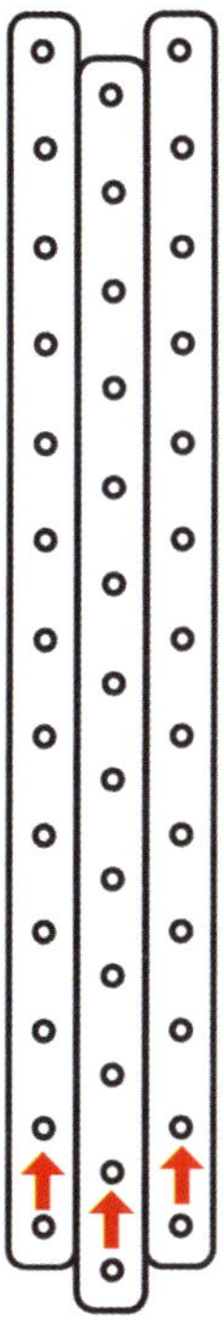

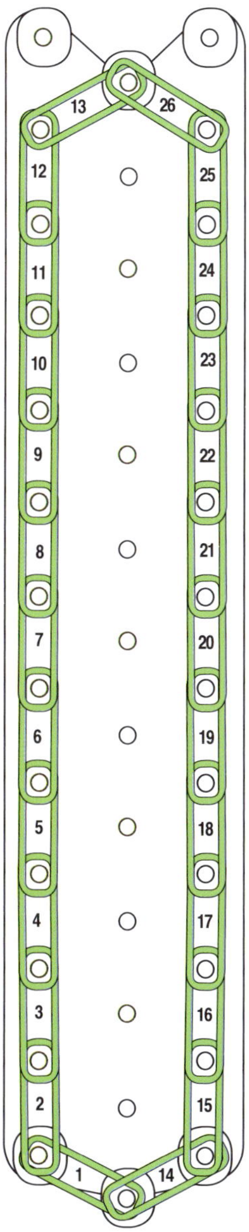

DER LOOM

Du brauchst einen Loom mit schräger Anordnung – 3 Stifte in der Breite und 13 Stifte in der Länge (siehe Seite 10).

1 Das spitze Ende des Looms zeigt zu dir. Die grünen Gummis ringsherum wie auf der Abbildung auslegen.

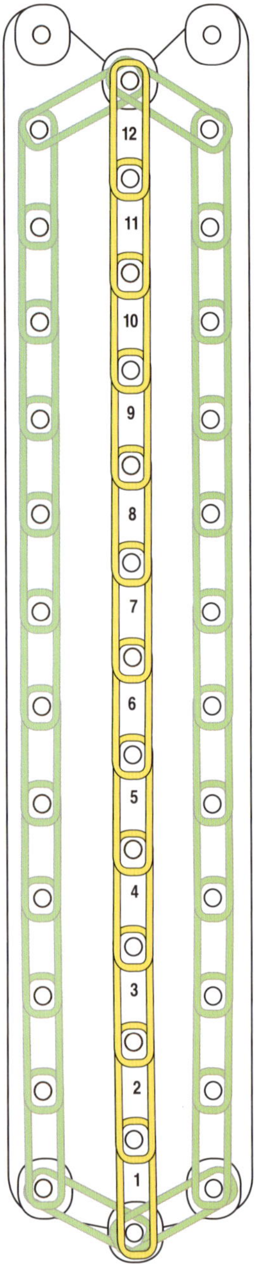

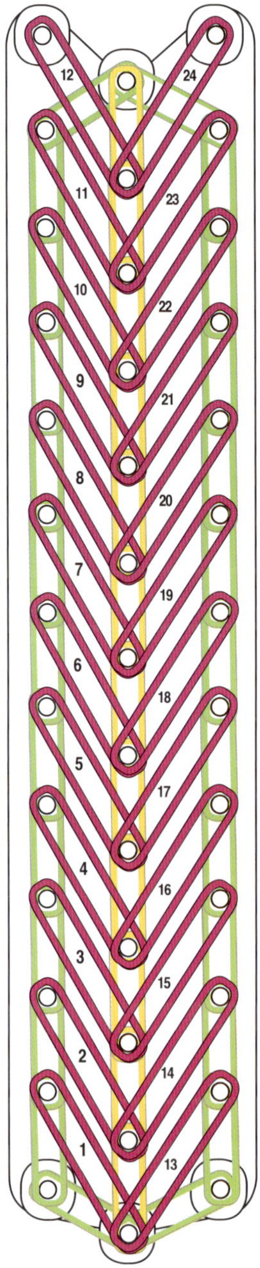

2 Nun die gelben Gummis wie auf der Abbildung um die Stifte in der Mitte legen.

3 Die rosa Gummis schräg von einem Stift in der Mitte zum übernächsten (nicht zum nächsten!) an jeder Seite legen. Lege zuerst alle Gummis auf der linken Seite aus, dann folgen die Gummis auf der rechten Seite.

4 Den Loom umdrehen. Das spitze Ende zeigt nun von dir weg. Die rosa Gummis genau wie auf der Abbildung in Dreiecksform auslegen. Das ist sehr wichtig, denn wenn die Dreiecke nicht mit der Spitze nach unten zeigen, sieht das fertige Armband ganz anders aus.

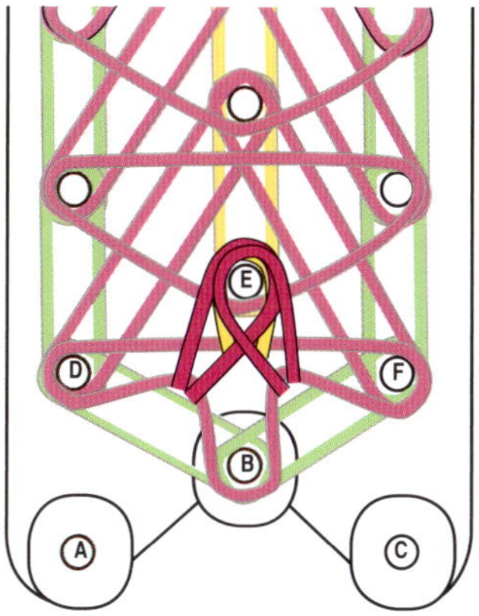

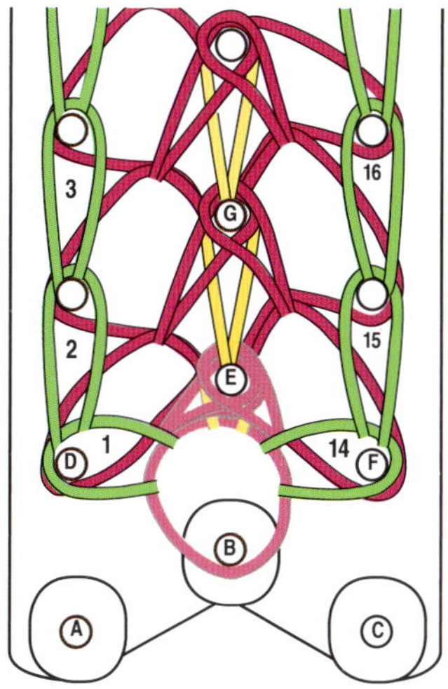

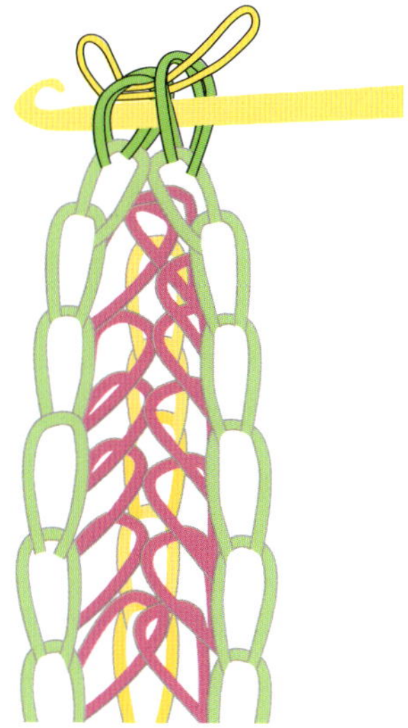

5 Die Häkelnadel in Stift B einstechen, das gelbe Gummi anheben und über Stift E legen. Dann die Häkelnadel in Stift A einstechen, das rosa Gummi anheben und über Stift E legen. Zuletzt die Häkelnadel in Stift C einstechen, das rosa Band anheben und über Stift E legen.

6 Schritt 5 bis zum Ende des Looms wiederholen.

7 Am unteren Ende des Looms beginnen. Die Häkelnadel in Stift B einstechen, das obere grüne Gummi anheben und über Stift D legen. An Stift D das grüne Band anheben und über Stift G legen. An dieser Seite bis zum Ende des Looms wiederholen, dann an der anderen Seite wiederholen.

8 Die Häkelnadel am oberen Stift einstechen und ein gelbes Gummi durch alle Schlaufen auf dem Stift ziehen. Das Armband vorsichtig vom Loom nehmen.

9 Mit der Häkelnadel noch 10 gelbe Gummis als Verlängerung befestigen (siehe Seite 15), dann die beiden Enden des Armbands in einen C-Clip einhängen.

Noch mehr Ideen

Wenn du in Schritt 3 Gummis in zwei verschiedenen Farben auslegst, sieht das Armband so aus wie auf diesem Foto. Probiere doch auch andere Kombinationen aus!

Wellen-Armband

Dies ist mein Lieblingsarmband in diesem Buch. Es sieht toll aus und ist gar nicht schwierig. Wenn es dicker oder dünner werden soll, verändere in Schritt 1 die Anzahl der ausgelegten Gummibänder.

SCHWIERIGKEITSGRAD

* *

Du brauchst

Loom

13 rosa Gummis

43 türkise Gummis

Häkelnadel

C-Clip

DER LOOM

Du brauchst einen Loom mit schräger Anordnung – 3 Stifte in der Breite und 13 Stifte in der Länge (siehe Seite 10).

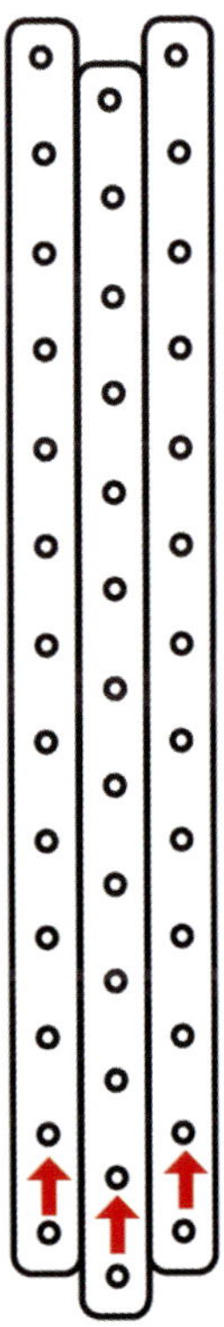

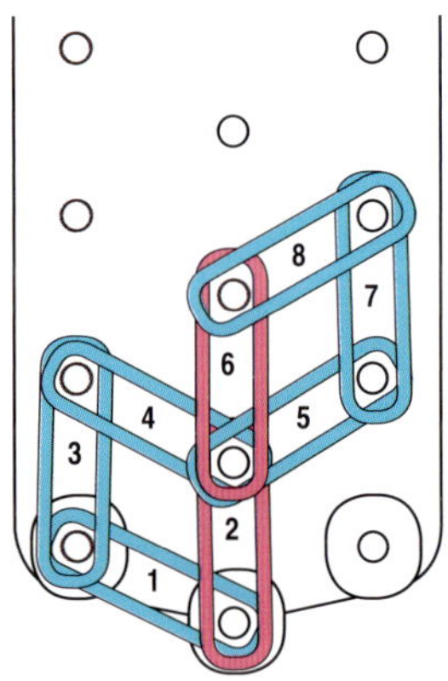

1 Das spitze Ende des Looms zeigt zu dir. Die Gummis wie auf der Abbildung auslegen.

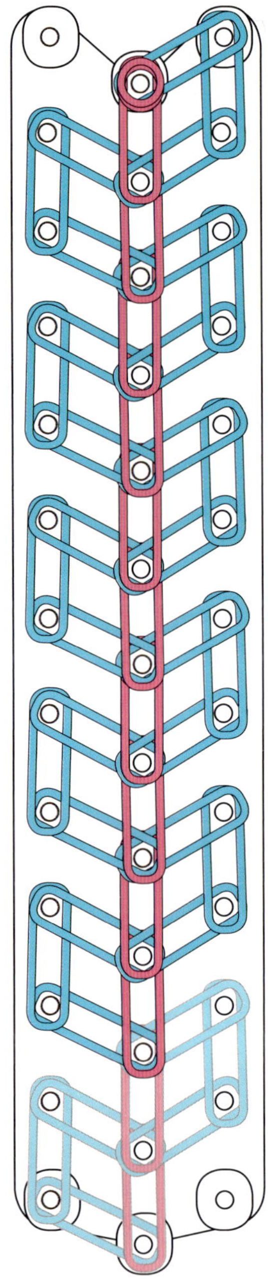

2 Schritt 1 bis zum Ende des Looms wiederholen. Ein rosa Gummi viermal um den Stift in der oberen Mitte wickeln. Das ist das Abschlussgummi.

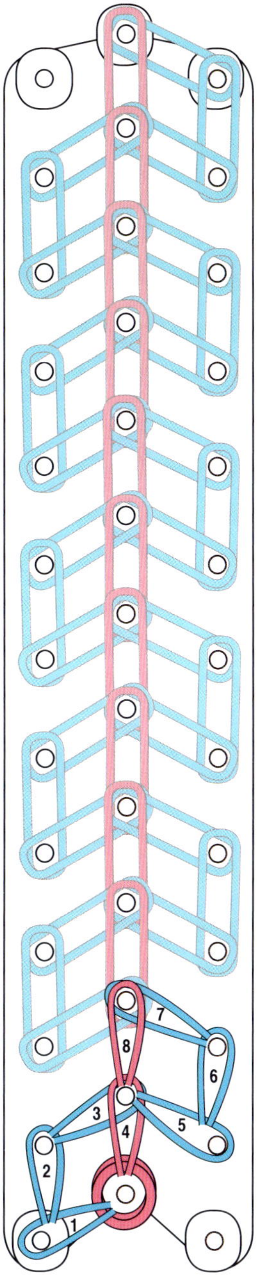

3 Den Loom umdrehen. Das spitze Ende zeigt nun von dir weg. Die Häkelnadel am Stift in der unteren Mitte einstechen, das obere türkise Gummi anheben und über seinen Gegenstift legen. Weiter in der abgebildeten Reihenfolge die Gummis über ihre Gegenstifte legen.

4 Schritt 3 bis zum Ende des Looms wiederholen.

5 Die Häkelnadel durch alle Schlaufen auf dem oberen Stift stecken. Das Armband vorsichtig vom Loom nehmen, aber auf der Häkelnadel lassen.

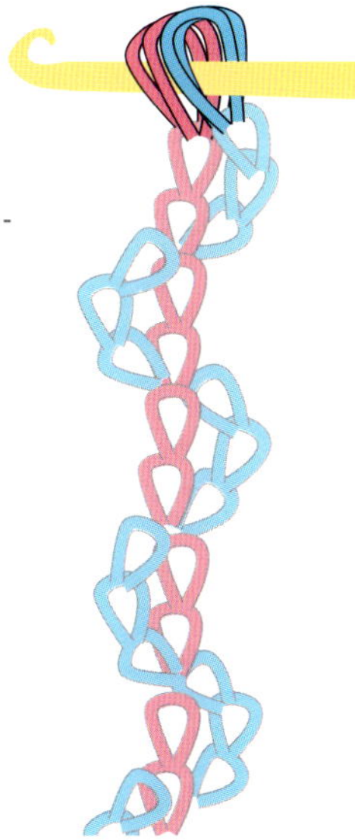

6 Türkise Gummis als Verlängerung mit der Häkelnadel befestigen (siehe Seite 15), bis das Armband lang genug für dein Handgelenk ist. Du brauchst dafür etwa 7 Gummis.

7 Einen C-Clip in die Schlaufen auf der Häkelnadel und in das Abschlussgummi am Anfang des Armbands einhängen.

Kaleidoskop-Armband

Für dieses tolle Armband brauchst du mehr Übung – und etwas Zeit. Du kannst es auch in kunterbunten Farben knüpfen.

SCHWIERIGKEITSGRAD

✻✻✻

Du brauchst

Loom

44 silberne Gummis

18 dunkelblaue Gummis

36 türkise Gummis

18 weiße Gummis

21 lila Gummis

Häkelnadel

C-Clip

DER LOOM

Wenn du einen gekauften Loom benutzt, musst du vielleicht Streifen zur passenden Größe zusammensetzen. Du brauchst einen Loom mit schräger Anordnung – 5 Stifte in der Breite und 13 Stifte in der Länge (siehe Seite 10).

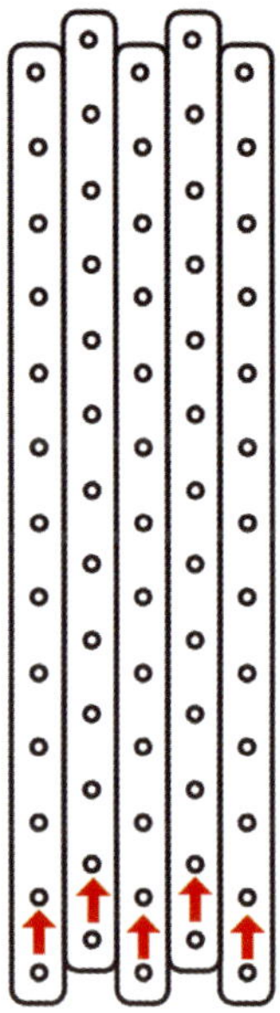

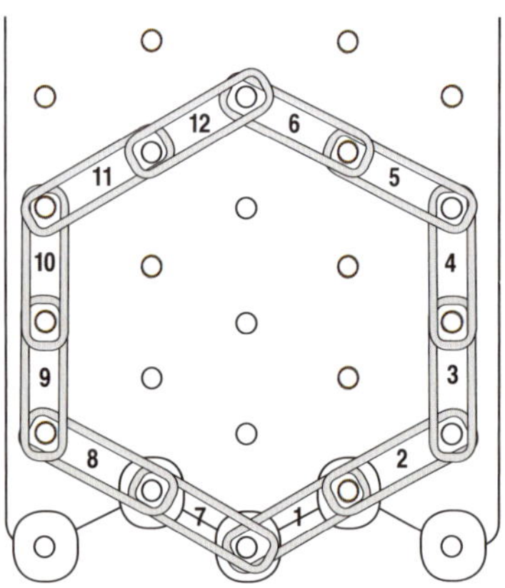

1 Die mittlere Spitze des Looms zeigt zu dir. 12 silberne Gummis in Sechseckform um die Stifte legen, die Nummern in der Abbildung geben die Reihenfolge an. Noch zweimal bis zum Ende des Looms wiederholen.

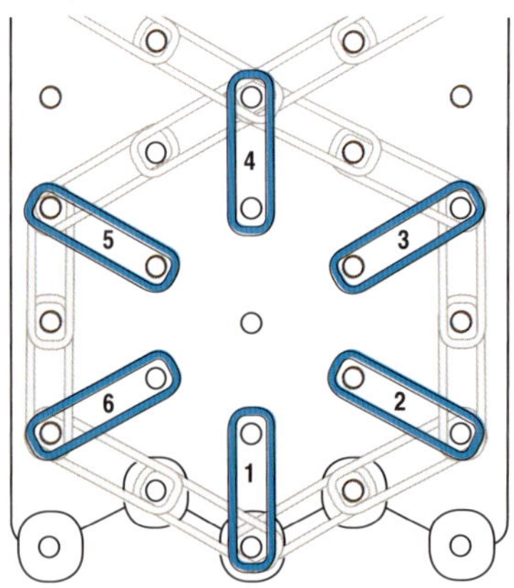

2 In der angegebenen Reihenfolge 6 blaue Gummis auslegen, die von den Ecken zur Mitte des Sechsecks zeigen. Mit den beiden anderen Sechsecken wiederholen.

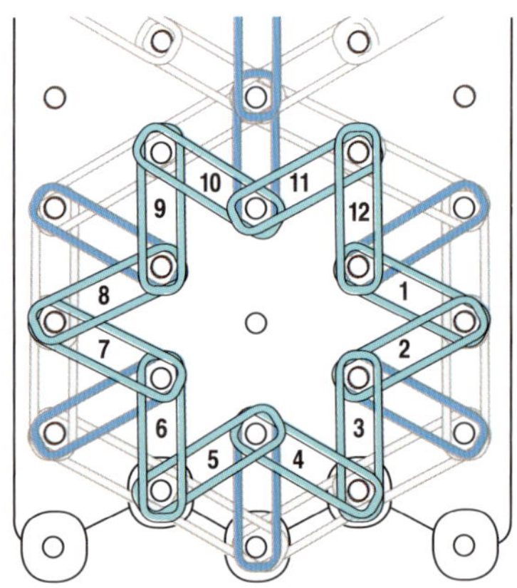

3 Jetzt 12 türkise Gummis in der angegebenen Reihenfolge in Sternform auslegen. Mit den beiden anderen Sechsecken wiederholen.

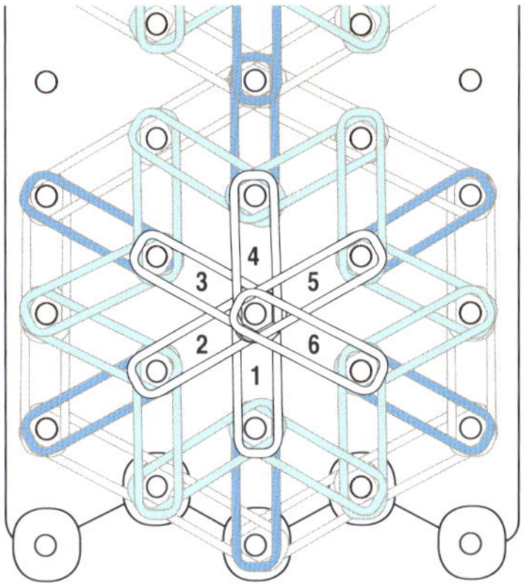

4 In die Mitte jedes Sechsecks kommen nun 6 weiße Gummis. Achte wieder auf die Reihenfolge.

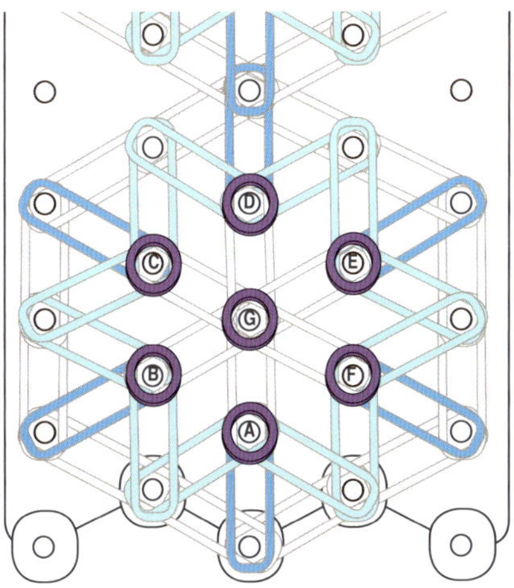

5 Zum Schluss lila Gummis dreimal um die Stifte A bis G wickeln. Das sind die Abschlussgummis.

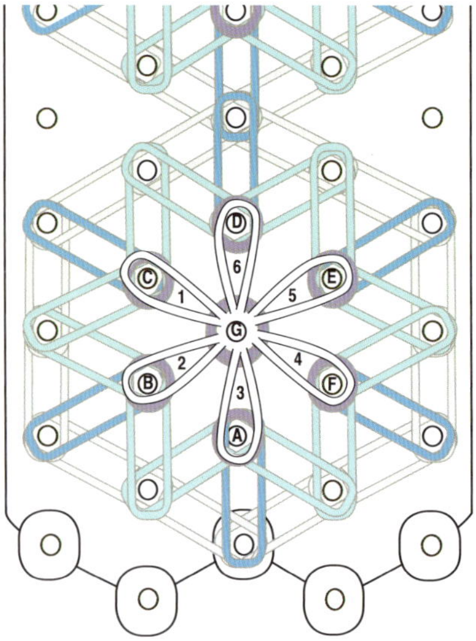

6 Den Loom umdrehen. Das spitze Ende zeigt nun von dir weg. Mit der Häkelnadel am mittleren Stift des ersten Sechsecks einstechen, das obere weiße Gummi anheben und über Stift C legen. Entgegen dem Uhrzeigersinn in der angegebenen Reihenfolge wiederholen. Dann mit den anderen beiden Sechsecken wiederholen.

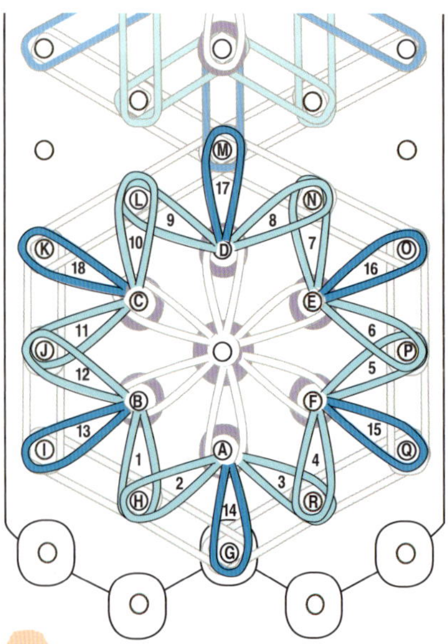

7 Mit der Häkelnadel bei Stift B einstechen, das obere türkise Gummi anheben und über Stift H legen. Wiederholen, dabei bei Stift A einstechen und das obere Gummi über Stift H legen. Ringsherum entgegen dem Uhrzeigersinn wiederholen: immer das untere türkise Gummi über den oberen Stift heben, auf dem es liegt, sodass danach beide Enden auf demselben Stift liegen. Achte dabei auf die Reihenfolge. Dann ebenso ringsherum das untere dunkelblaue Gummi über seinen oberen Stift legen. Mit den beiden anderen Sechsecken wiederholen.

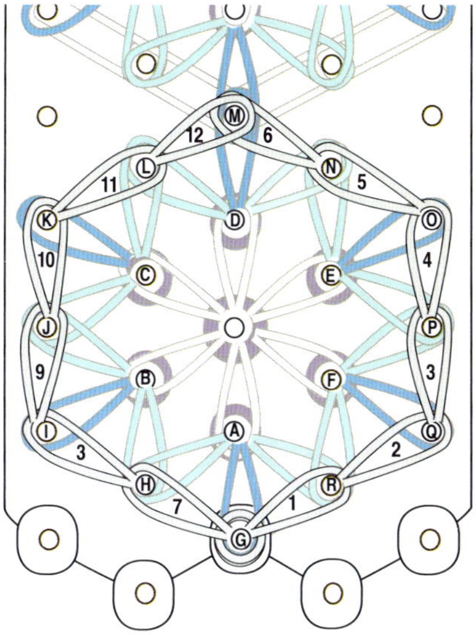

8 Ein silbernes Abschlussgummi dreimal um den Stift in der unteren Mitte wickeln. Entgegen dem Uhrzeigersinn bei Stift G beginnend und in der gezeigten Reihenfolge das untere silberne Gummi über seinen oberen Stift legen. Mit den beiden anderen Sechsecken wiederholen.

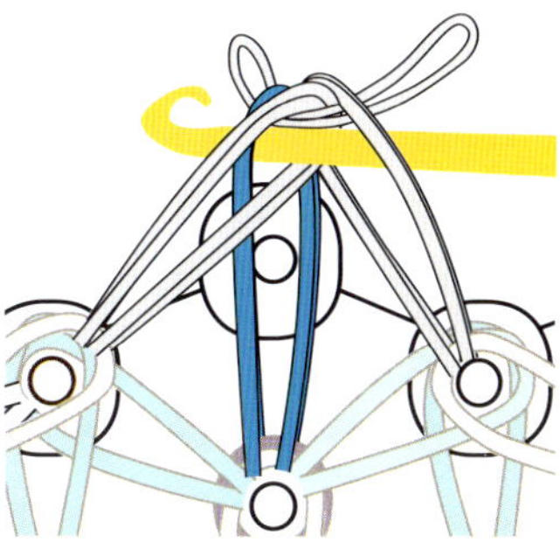

9 Mit der Häkelnadel in alle Schlaufen auf dem oberen Stift einstechen. Die Schlaufen dehnen und ein silbernes Gummi durchziehen. Die Häkelnadel in dieses silberne Gummi stecken und das Armband vorsichtig vom Loom nehmen. Mit der darin steckenden Häkelnadel zur Seite legen.

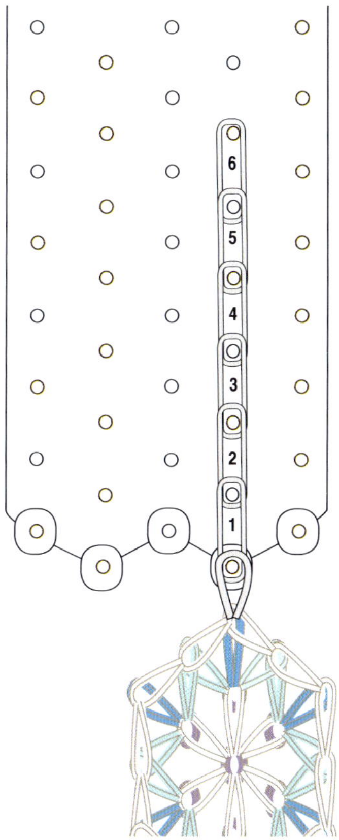

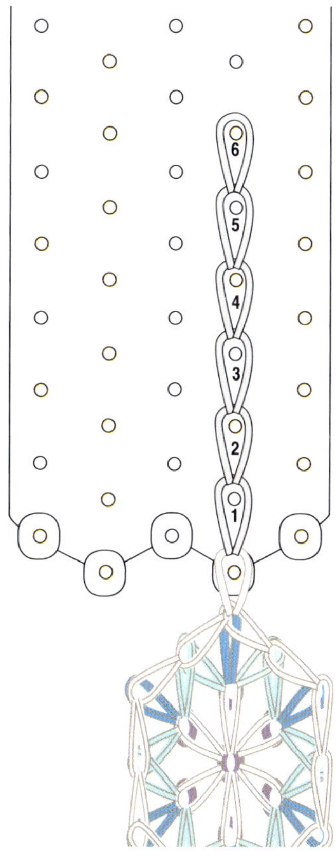

10 Das spitze Ende des Looms zeigt von dir weg. 6 silberne Gummis wie auf der Abbildung auslegen, dann die Schlaufen des Armbands auf den untersten Stift legen.

11 Den Loom nicht umdrehen. Am Stift, an dem das Armband hängt, beginnen und das untere silberne Gummi über den nächsthöheren Stift legen. Die Reihenfolge ist in der Abbildung angegeben. Einen C-Clip in die letzten Gummis auf dem Loom einhängen, dann den Clip auch am anderen Ende des Armbands befestigen.

Ährenzopf-Armband

Wenn du Metallic-Gummis benutzt, sieht dieses Armband besonders edel aus. Die Gummis werden sehr straff gespannt. Pass gut auf, dass beim Knüpfen keins reißt.

SCHWIERIGKEITSGRAD

✻ ✻ ✻

Du brauchst

Loom

53 goldene Gummis

24 rote Gummis

24 grüne Gummis

Häkelnadel

C-Clip

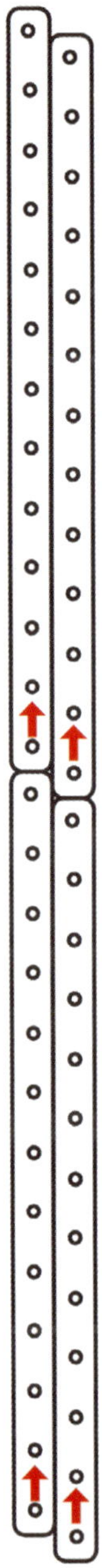

DER LOOM

Du brauchst einen Loom mit schräger Anordnung – 2 Stifte in der Breite und 26 Stifte in der Länge (siehe Seite 10). Wenn du einen gekauften Loom benutzt, musst du vielleicht mehrere Streifen zusammensetzen.

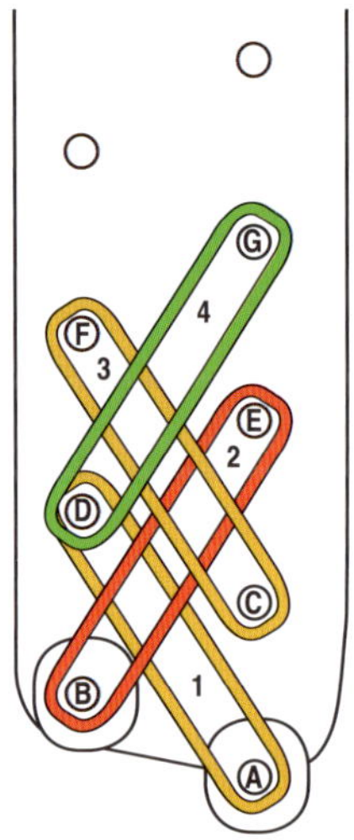

1 Die Pfeile auf dem Loom zeigen von dir weg. Zwei goldene Gummis um die Stifte A und D legen, zwei rote Gummis um die Stifte B und E, wieder zwei goldene um die Stifte C und F, dann zwei grüne um die Stifte D und G. Noch 11 Mal bis zum Ende des Looms wiederholen.

2 Den Loom umdrehen, sodass die offenen Seiten der Stifte zu dir zeigen. Als Abschluss ein goldenes Gummi viermal um den unteren rechten Stift wickeln. Dann mit der Häkelnadel bei diesem Stift die beiden unteren goldenen Gummis anheben und über Stift D legen. Mit der Häkelnadel bei Stift B die beiden grünen Gummis anheben und über Stift E heben. Zuletzt bei Stift C die beiden goldenen Gummis anheben und über Stift F legen.

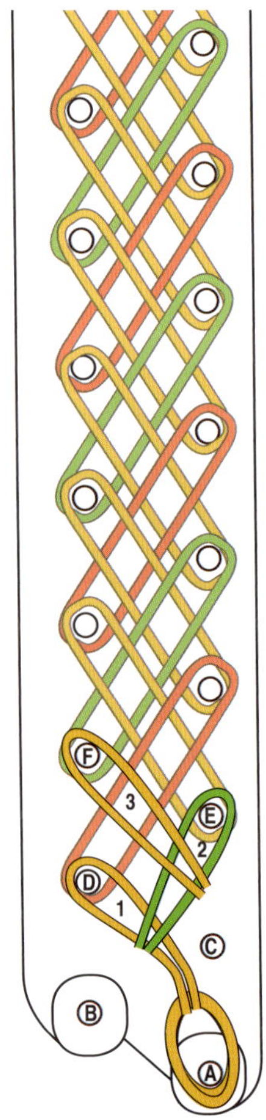

Nach mehr Ideen

Statt über die Stiftpaare zwei Gummis in derselben Farbe zu legen, kannst du auch verschiedene Farben nehmen.

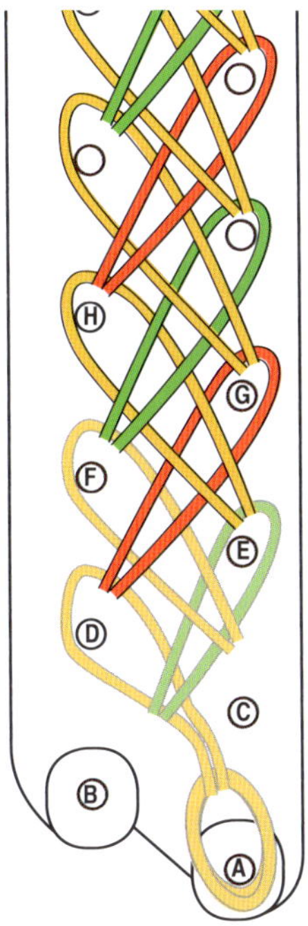

3 Nun bei Stift D die beiden unteren roten Bänder anheben und über Stift G legen. Dann bei Stift E die beiden unteren goldenen Gummis anheben und über Stift H legen. Diese beiden Schritte bis zum Ende des Looms wiederholen.

4 Die Häkelnadel durch die vier Schlaufen auf den Stiften A, B und C stecken. Es liegen also 12 Schlaufen auf der Häkelnadel. Das Armband vorsichtig vom Loom nehmen.

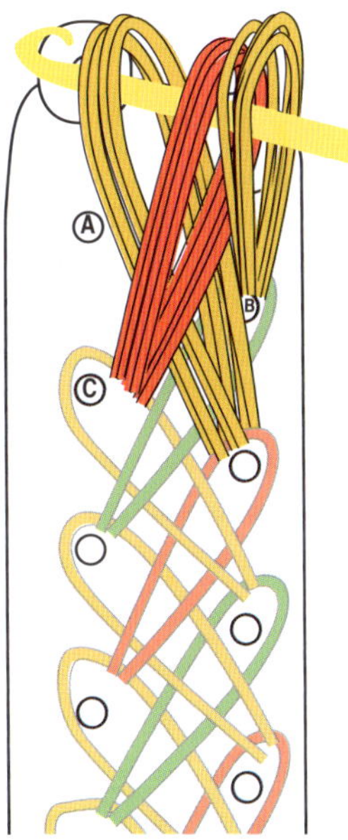

5 Ein goldenes Gummi durch die Schlaufen auf der Häkelnadel ziehen.

6 Einen C-Clip ins letzte Gummi auf der Häkelnadel und in das Abschlussgummi am anderen Ende des Armbands einhaken.

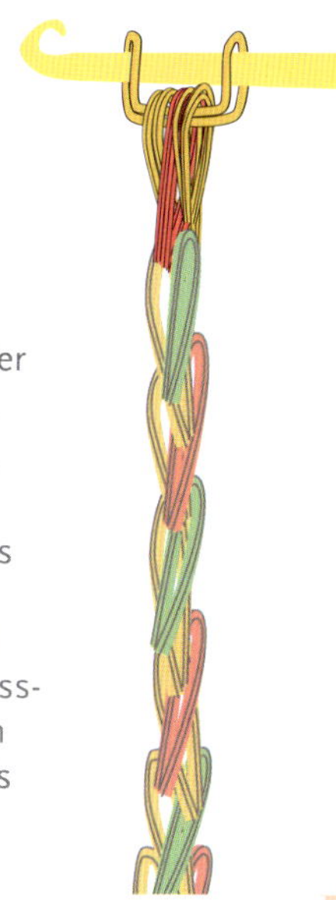

Dieses Muster sieht wirklich aus wie Schlangenhaut. Wenn du es als Kette um den Hals trägst, kann es jeder gut sehen.

Schlangenkette

SCHWIERIGKEITSGRAD

***

Du brauchst

Loom

77 orange Gummis

25 hellgrüne Gummis

51 türkise Gummis

Häkelnadel

C-Clip

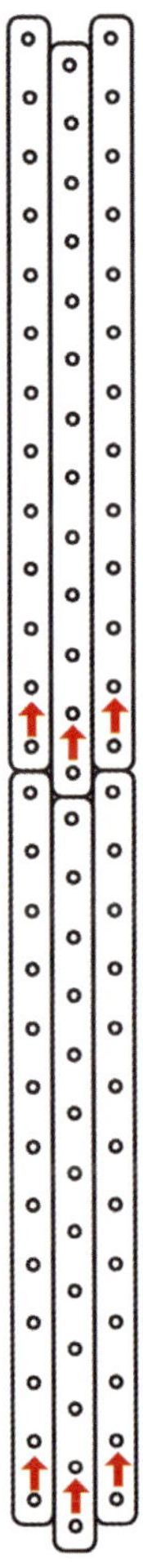

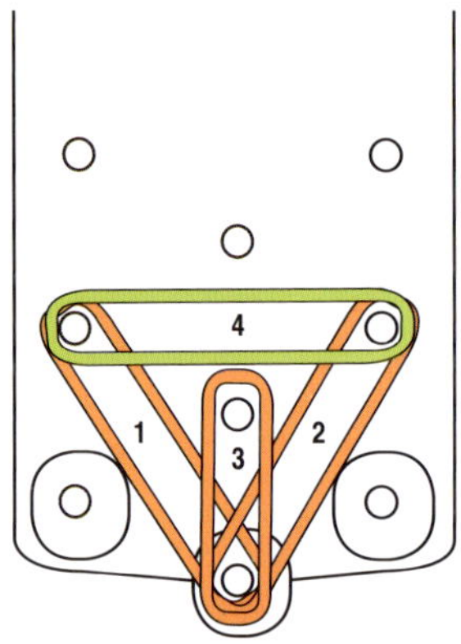

1 Das spitze Ende des Looms zeigt zu dir. Drei orange Gummis in der gezeigten Reihenfolge auslegen. Ein hellgrünes Gummi waagerecht über die beiden oberen Stifte legen.

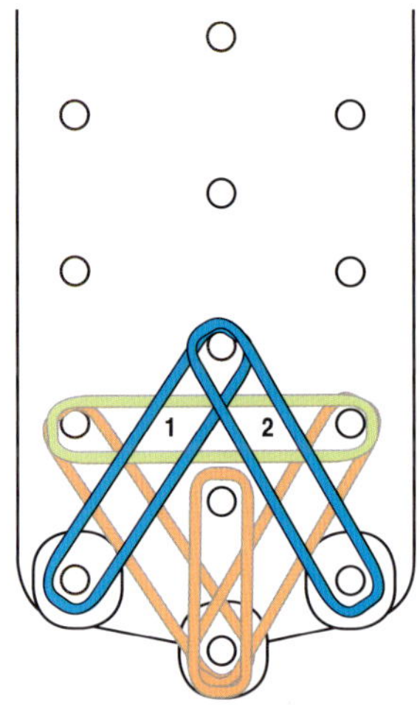

2 Nun zwei türkise Gummis wie auf der Abbildung auslegen.

3 Schritt 1 und 2 bis zum Ende des Looms wiederholen, dabei aber das dritte (senkrechte) Gummi aus Schritt 1 weglassen. Die Reihenfolge ist: zwei schräge orange Gummis, ein waagerechtes grünes Gummi, zwei schräge türkise Gummis.

4 Als Abschluss ein türkises Gummi viermal um den Stift in der oberen Mitte wickeln.

DER LOOM

Du brauchst einen Loom mit schräger Anordnung – 3 Stifte in der Breite und 26 Stifte in der Länge (siehe Seite 10). Setze Streifen eines gekauften Looms zu dieser Länge zusammen.

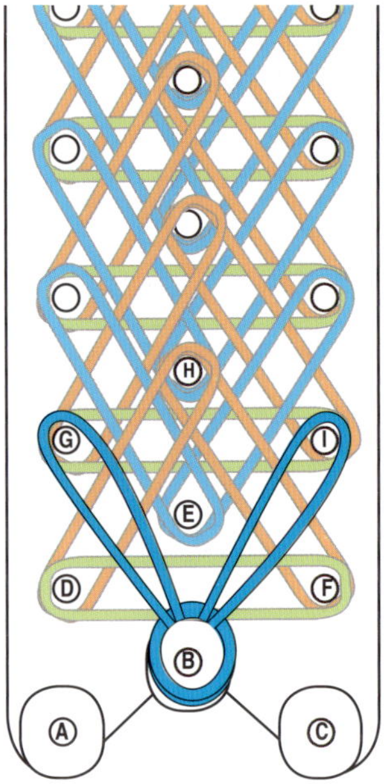

5 Den Loom umdrehen. Das spitze Ende zeigt nun von dir weg. Mit der Häkelnadel bei Stift B das obere türkise Gummi unter dem Abschlussgummi anheben und über Stift G legen. Dann bei Stift B das untere türkise Gummi anheben und über Stift I legen.

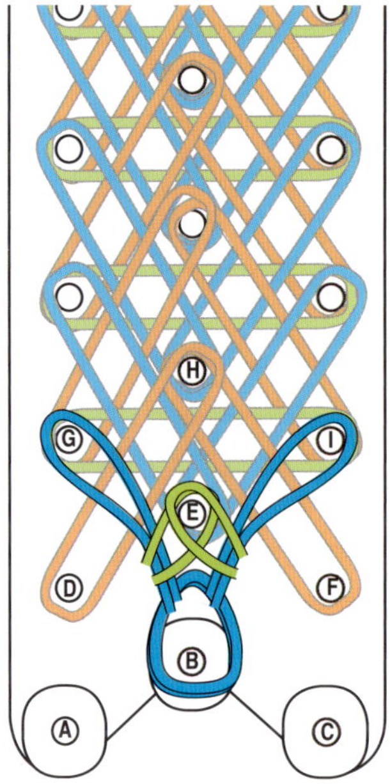

6 Nun mit der Häkelnadel bei Stift D das hellgrüne Band anheben und über Stift E legen. Auf der anderen Seite das grüne Band bei Stift F anheben und über Stift E legen.

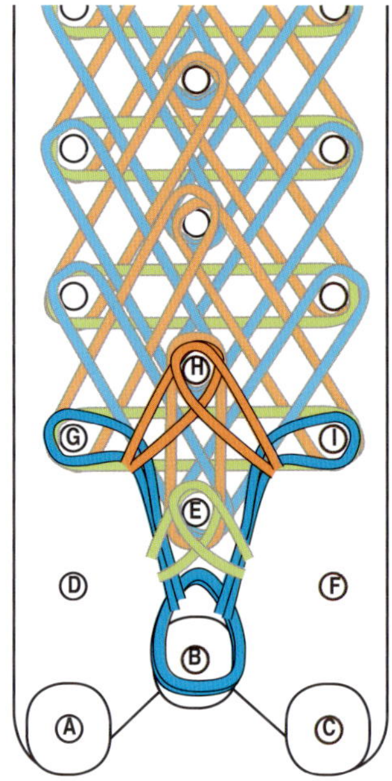

7 Jetzt mit der Häkelnadel bei Stift D das orange Band anheben und über Stift H legen. Bei Stift F das orange Gummi anheben und über Stift H legen.

8 Schritt 5 bis 7 bis zum Ende des Looms wiederholen.

9 Die Häkelnadel durch alle Schlaufen auf den drei oberen Stiften schieben. Die Kette vorsichtig vom Loom nehmen und ein orange Gummi durch die Schlaufen auf der Häkelnadel ziehen.

10 Nun die Kette mit der Häkelnadel verlängern (siehe Seite 15), damit sie um deinen Hals passt. Dafür brauchst du 25 oder mehr orange Gummis.

11 Die Schlaufen auf der Häkelnadel in einen C-Clip einhängen, dann den C-Clip an den Schlaufen am Anfang der Kette befestigen.

Dieses Muster ist nicht einfach, und auch der Loom sieht anders aus als bei anderen Modellen. Am besten liest du die ganze Anleitung genau durch, bevor du anfängst.

Zacken-Armband

SCHWIERIGKEITSGRAD

✻ ✻ ✻

Du brauchst

Loom

82 weiße Gummis

60 blaue Gummis

60 rote Gummis

Häkelnadel

C-Clip

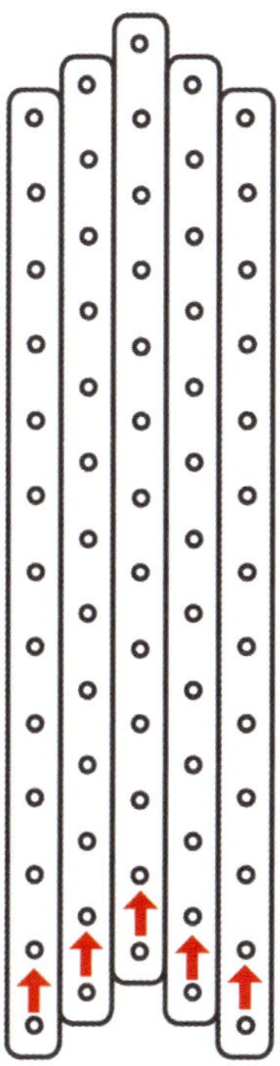

DER LOOM

Wenn du einen gekauften Loom benutzt, musst du vielleicht Streifen zur passenden Größe zusammensetzen. Richte deinen Loom ein wie ein umgedrehtes V – 5 Stifte in der Breite und 13 Stifte in der Länge (siehe Seite 10).

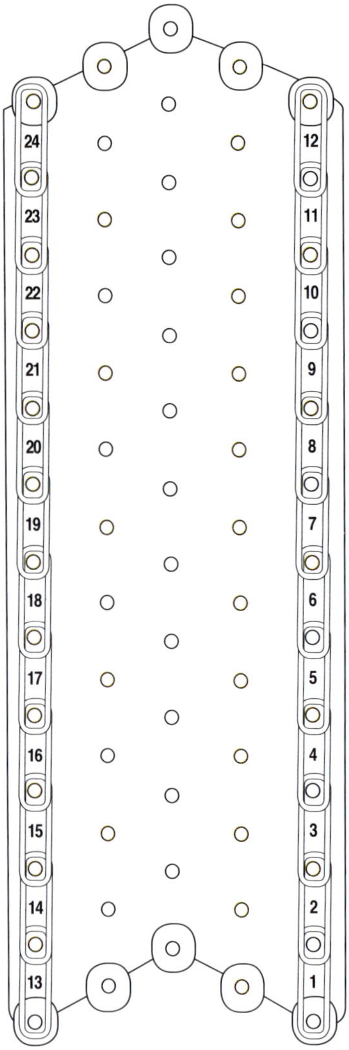

1 An den Rändern des Looms in der gezeigten Reihenfolge 24 weiße Gummis auslegen.

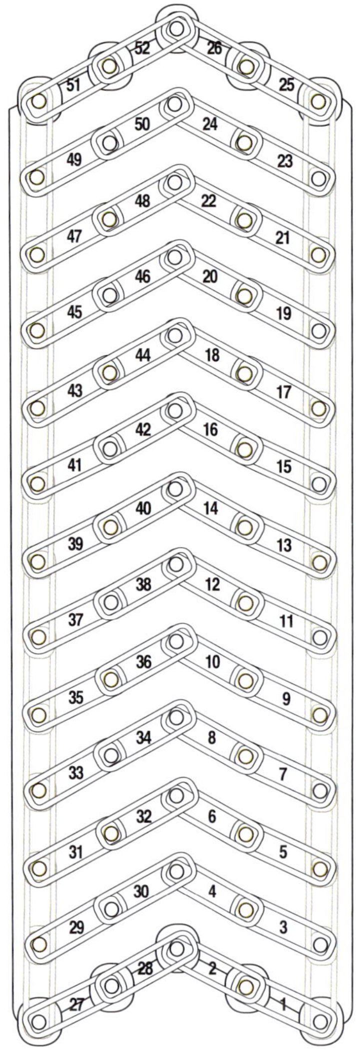

2 Die restlichen weißen Gummis wie auf der Abbildung auslegen – zuerst von der rechten Seite zur Mitte, dann von der linken Seite zur Mitte.

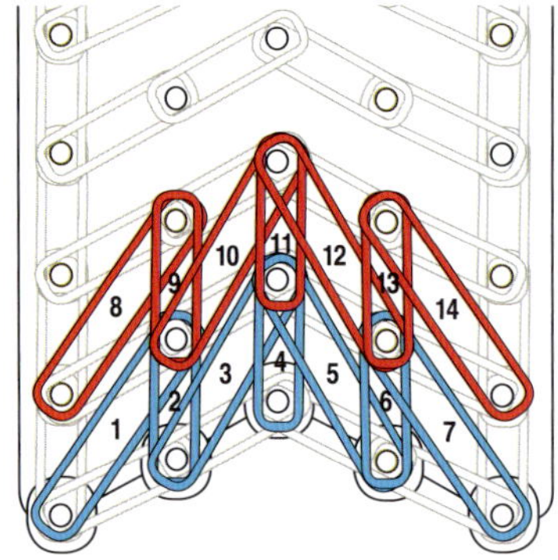

3 Eine Reihe blaue Gummis wie auf der Abbildung auslegen, danach eine Reihe rote Gummis. Bis zum Ende des Looms wiederholen.

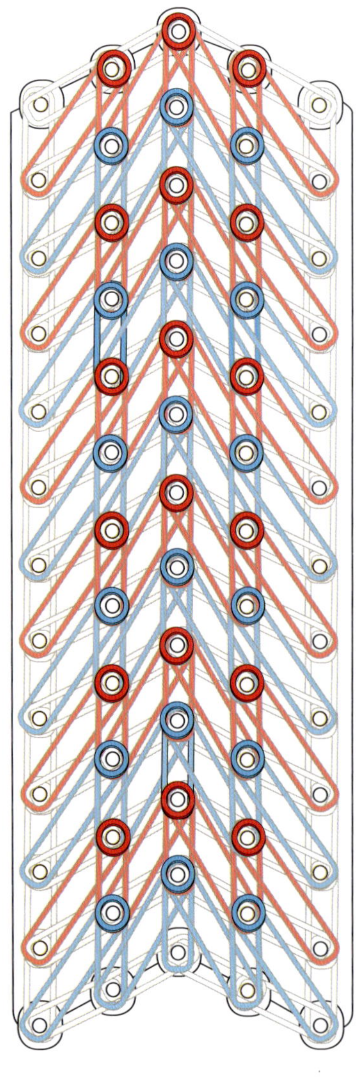

4 In jeder Reihe außer der untersten die drei mittleren Stifte viermal mit einem Abschlussgummi umwickeln.

5 Den Loom umdrehen. Mit der Häkelnadel bei Stift B das obere rote Gummi unter dem Abschlussgummi anheben und über Stift F legen. Dann das andere rote Gummi bei Stift B anheben und über Stift G legen. In der ganzen Reihe wiederholen: Die Gummis in der angegebenen Reihenfolge über ihre Gegenstifte heben.

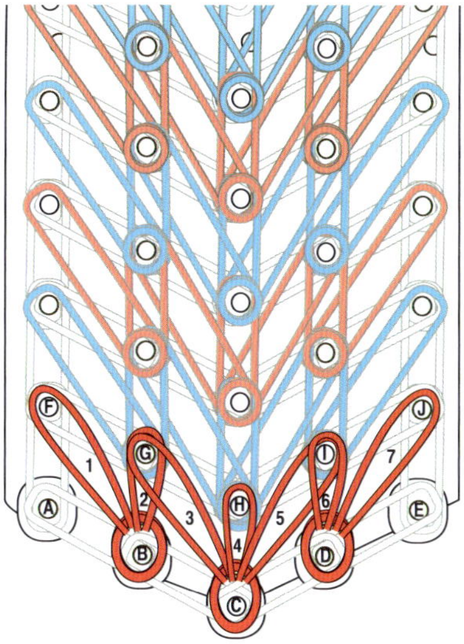

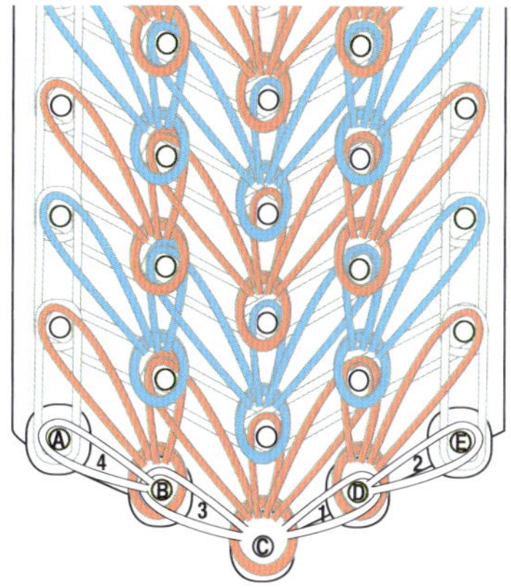

6 Schritt 5 bis zum Ende des Looms wiederholen.

7 Am unteren Ende des Looms mit der Häkelnadel bei Stift C das obere weiße Gummi anheben und über Stift D legen. Dann bei Stift D das untere weiße Gummi anheben und über Stift E legen. Auf der linken Seite von innen nach außen wiederholen.

8 Schritt 7 bis zum Ende des Looms wiederholen.

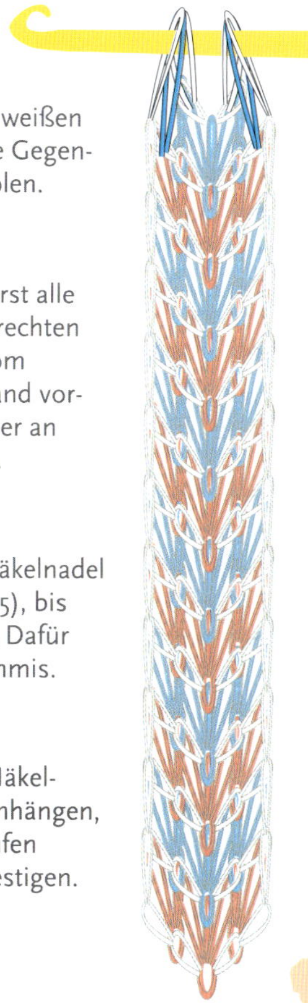

9 Wieder am unteren Ende des Looms beginnen. Die weißen Gummis an der Seite über ihre Gegenstifte legen. Bis oben wiederholen.

10 Mit der Häkelnadel zuerst alle Schlaufen vom oberen rechten Stift aufnehmen, dann auch vom oberen linken Stift. Das Armband vorsichtig vom Loom nehmen, aber an der Häkelnadel hängen lassen.

11 Das Armband mit der Häkelnadel verlängern (siehe Seite 15), bis es um dein Handgelenk passt. Dafür brauchst du etwa 6 weiße Gummis.

12 Die Schlaufen auf der Häkelnadel in einen C-Clip einhängen, dann den C-Clip an den Schlaufen am Anfang des Armbands befestigen.

Herz-Armband

Dieses Armband mit Herzchen ist ein schönes Geschenk für einen lieben Menschen, vielleicht zum Muttertag oder zum Valentinstag.

SCHWIERIGKEITSGRAD

* * *

Du brauchst

Loom

49 weiße Gummis

6 silberne Gummis

15 rosa Gummis

Häkelnadel

C-Clip

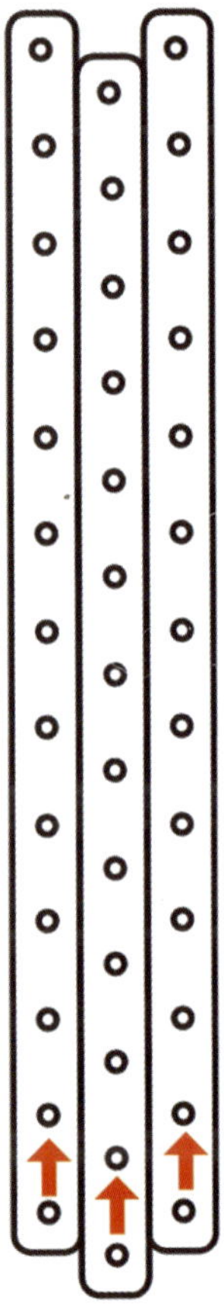

DER LOOM

Du brauchst einen Loom mit schräger Anordnung – 3 Stifte in der Breite und 13 Stifte in der Länge (siehe Seite 10).

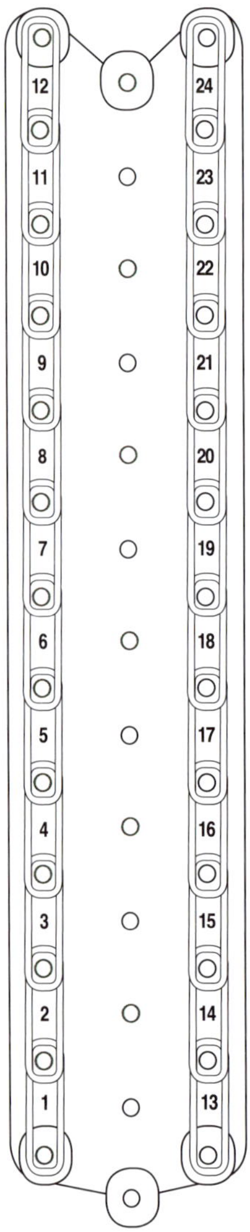

1 Das spitze Ende des Looms zeigt zu dir. Zuerst am äußeren Rand 24 weiße Gummis in der gezeigten Reihenfolge auslegen.

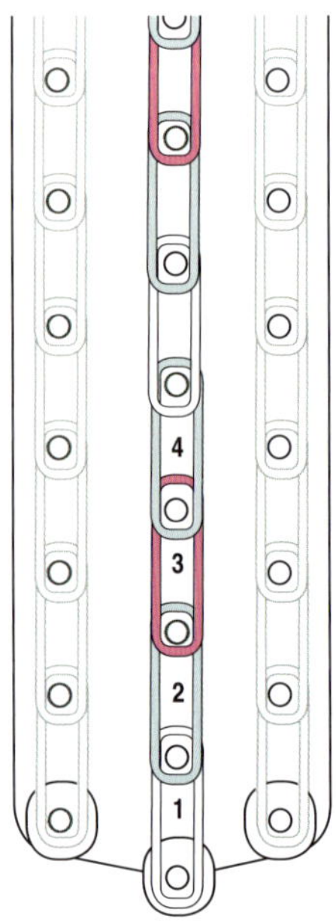

2 Nun von unten nach oben in der mittleren Reihe ein weißes, ein silbernes, ein rosa und ein weißes Gummi auslegen. Den Rest der Reihe in der folgenden Farbfolge auffüllen: Weiß, Silber, Rosa, Silber, Weiß, Silber, Rosa, Silber.

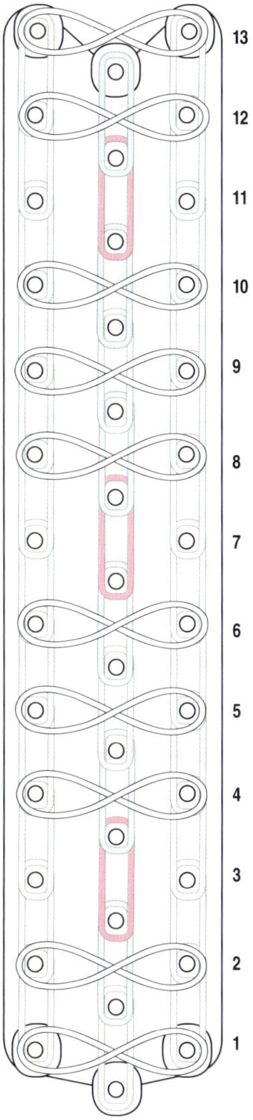

3 Ein weißes Gummi wie eine 8 drehen und waagerecht über die beiden äußeren Stifte in Reihe 1 legen. In Reihe 2, 4, 5, 6, 8, 9, 10, 12 und 13 wiederholen.

4 Jeden Stift, auf dem ein rosa Gummi liegt, viermal mit einem rosa Abschlussgummi umwickeln.

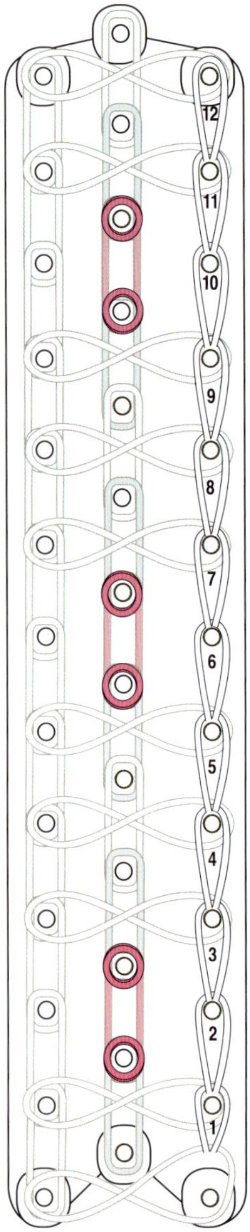

5 Den Loom umdrehen. Das spitze Ende zeigt nun von dir weg. Mit der Häkelnadel am unteren rechten Stift das weiße Gummi anheben und über den Gegenstift legen. Bis zum oberen Ende der rechten Seite des Looms wiederholen.

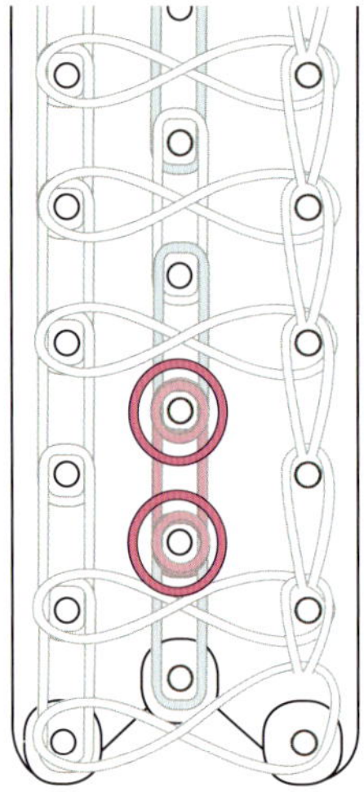

6 Um jeden Stift, um den du in Schritt 4 ein Abschlussgummi gewickelt hast, nun ein rosa Gummi legen.

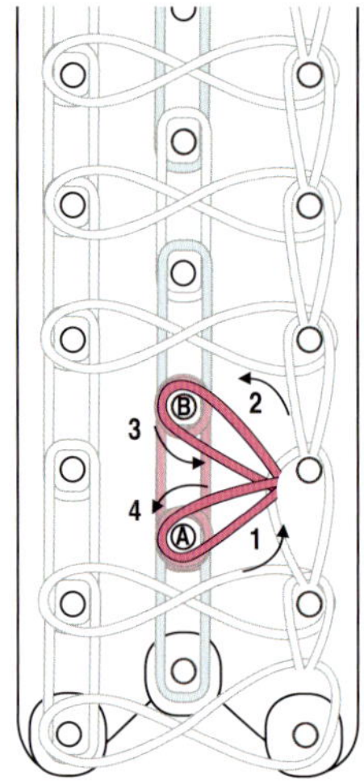

7 Mit der Häkelnadel ins weiße Gummi rechts vom ersten rosa Gummi einstechen. Das rosa Gummi von Stift A anheben, durch das weiße Gummi ziehen und über Stift B legen. Mit dem Gummi von Stift B wiederholen: durch das weiße Gummi ziehen und über Stift A legen. Mit den restlichen rosa Gummis wiederholen.

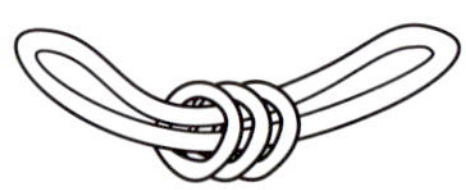

8 Ein weißes Gummi dreimal um die Häkelnadel wickeln, dann ein zweites weißes Gummi durchziehen.

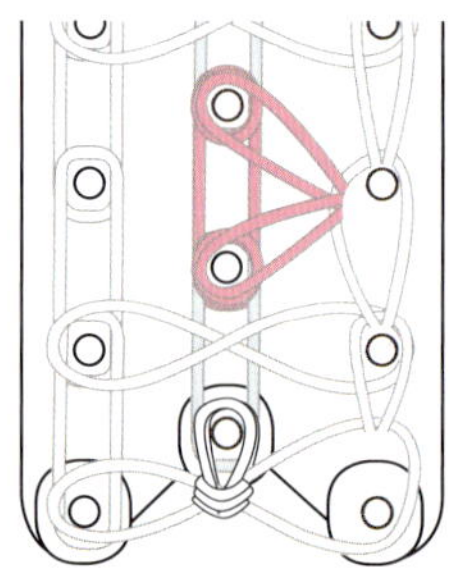

9 Ein Ende dieses Gummis über den Stift in der unteren Mitte unter dem waagerechten Gummi legen. Dann das andere Ende des Gummis auf denselben legen, aber über dem waagerechten Gummi.

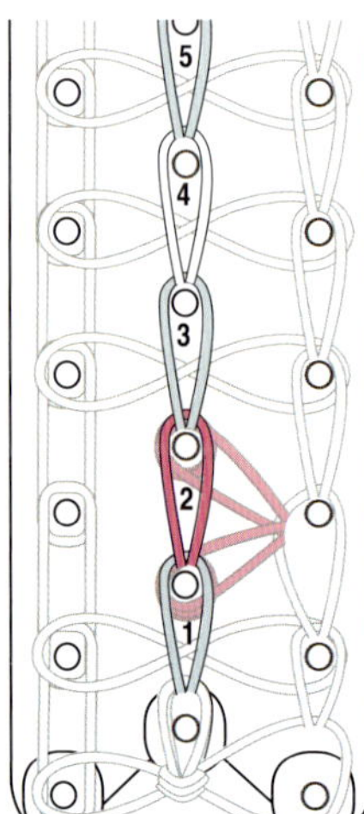

10 Von unten nach oben jedes der Gummis in der mittleren Reihe über seinen Gegenstift legen, bis das Ende des Looms erreicht ist.

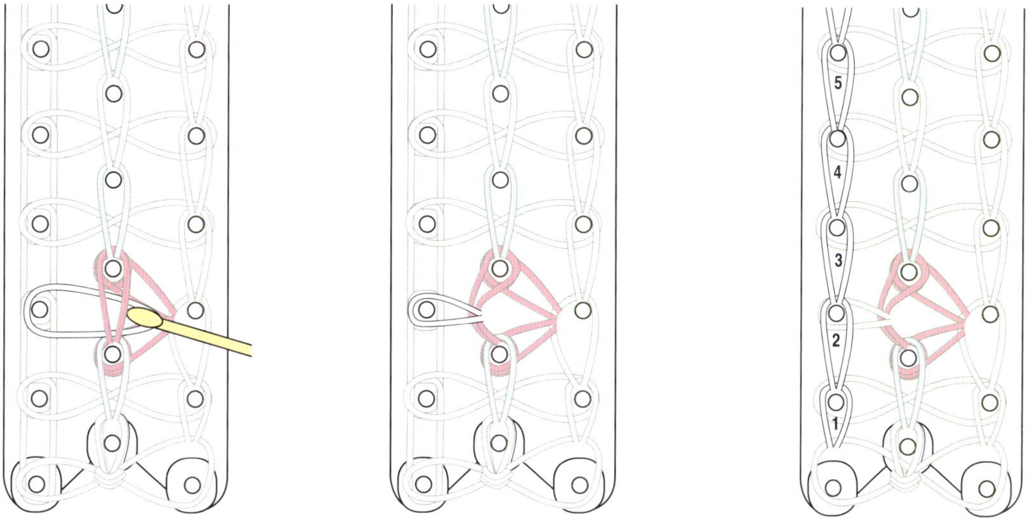

11 Ein weißes Band um den Stift links vom ersten rosa Gummi legen. Mit der Häkelnadel in das kleine Dreieck des rosa Gummis einstechen und das weiße Gummi erfassen.

12 Das weiße Gummi durch das Dreieck ziehen und wieder auf seinen Stift legen. Schritt 11 und 12 mit den beiden anderen rosa Gummis wiederholen.

13 Mit der Häkelnadel am unteren linken Stift das untere weiße Band anheben und über den Gegenstift legen. Von unten nach oben bis zum Ende der linken Seite des Looms wiederholen.

14 Mit der Häkelnadel durch alle acht Schlaufen auf den oberen drei Stiften stechen. Das Armband vorsichtig vom Loom nehmen, aber auf der Häkelnadel lassen. Das Armband mit der Häkelnadel verlängern (siehe Seite 15), bis es um dein Handgelenk passt. Dafür brauchst du ungefähr 10 weiße Gummis.

15 Die Schlaufen auf der Häkelnadel in einen C-Clip einhängen, dann den C-Clip an den Schlaufen am Anfang des Armbands befestigen.

Dieses witzige Armband mag ich besonders gern. Die rosa Gummis bilden eine Art Käfig, in dem alle anderen gefangen sind.

Panzerketten-Armband

SCHWIERIGKEITSGRAD

* * *

Du brauchst

Loom

63 gelbe Gummis

24 türkise Gummis

44 rosa Gummis

Häkelnadel

C-Clip

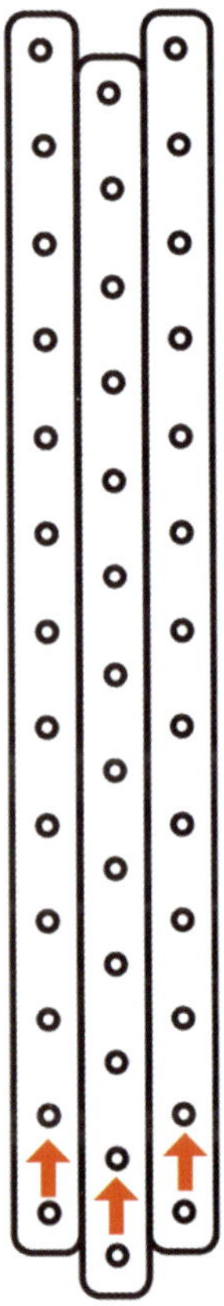

DER LOOM

Du brauchst einen Loom mit schräger Anordnung – 3 Stifte in der Breite und 13 Stifte in der Länge (siehe Seite 10).

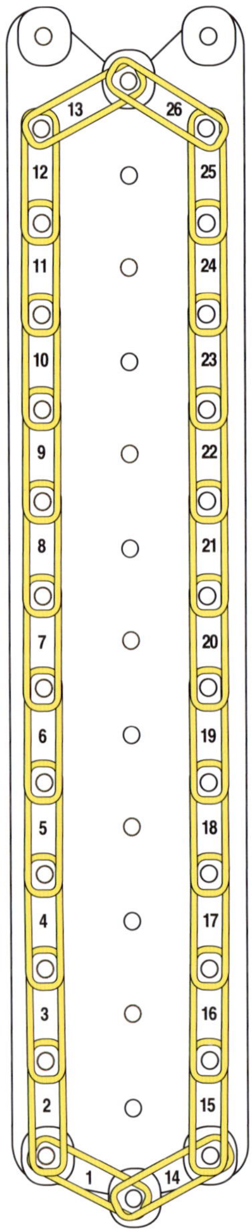

1 Das spitze Ende des Looms zeigt zu dir. Zuerst 26 Paar gelbe Gummis in der gezeigten Reihenfolge auslegen.

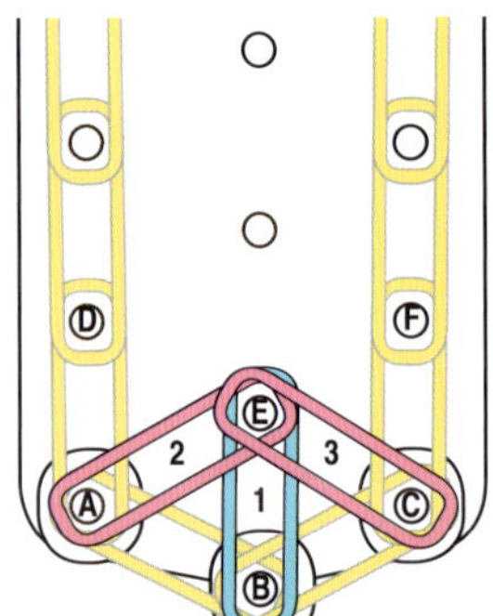

2 Zwei türkise Gummis über die Stifte B und E legen, zwei rosa Gummis über die Stifte A und E und zwei weitere rosa Gummis über die Stifte E und C.

3 Schritt 2 bis zum Ende des Looms wiederholen, mit einem türkisen Gummi enden. Ein gelbes Band als Abschlussgummi viermal um den Stift in der oberen Mitte wickeln.

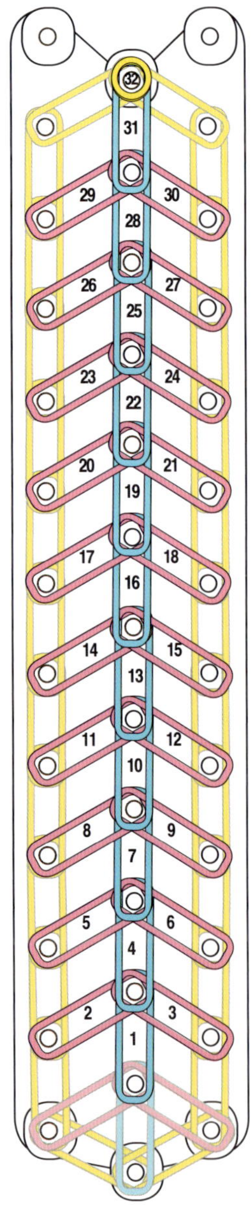

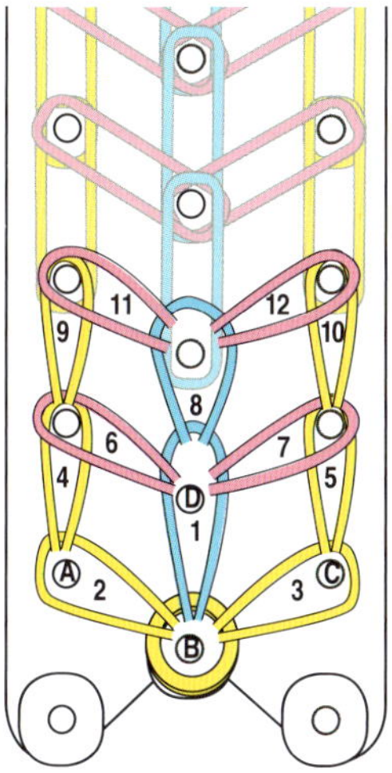

4 Den Loom umdrehen. Das spitze Ende zeigt nun von dir weg. Die Häkelnadel in Stift B einstechen, die beiden oberen türkisen Bänder unter dem Abschlussgummi anheben und über Stift D legen. Wieder bei Stift B die beiden oberen gelben Bänder anheben und über Stift A legen. Nun bei Stift B die beiden restlichen gelben Gummis anheben und über Stift C legen. In der angegebenen Reihenfolge fortfahren.

5 Schritt 4 bis zum Ende des Looms wiederholen.

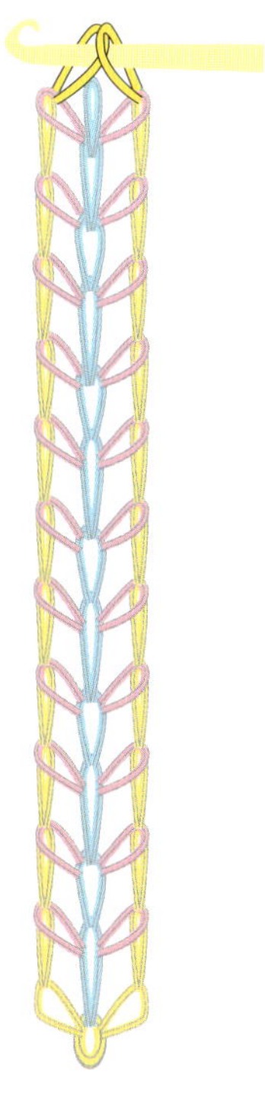

6 Mit der Häkelnadel durch alle Schlaufen auf dem Stift in der oberen Mitte stechen. Das Armband vorsichtig vom Loom nehmen, aber auf der Häkelnadel lassen.

7 Das Armband mit der Häkelnadel verlängern, bis es gut um dein Handgelenk passt (siehe Seite 15). Dafür brauchst du ungefähr 10 gelbe Gummis.

8 Die Schlaufen auf der Häkelnadel in einen C-Clip einhängen, dann den C-Clip an den Schlaufen am Anfang des Armbands befestigen.

Marienkäfer & Bienen

Mit diesen niedlichen Knüpfmustern hast du eine Weile zu tun, aber die Mühe lohnt sich!

Armband mit Bienen

SCHWIERIGKEITSGRAD

✻ ✻ ✻

Du brauchst

Loom

9 grüne Gummis

24 rote Gummis

6 rosa Gummis

6 schwarze Gummis

25 gelbe Gummis

6 weiße Gummis

Häkelnadel

C-Clip

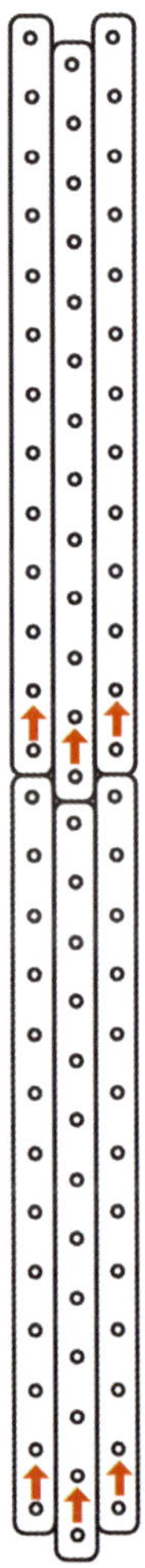

DER LOOM

Du brauchst einen Loom mit diagonaler Anordnung – 3 Stifte in der Breite und 26 Stifte in der Länge (siehe Seite 10). Wenn du einen gekauften Loom benutzt, musst du vielleicht Streifen zur passenden Größe zusammensetzen.

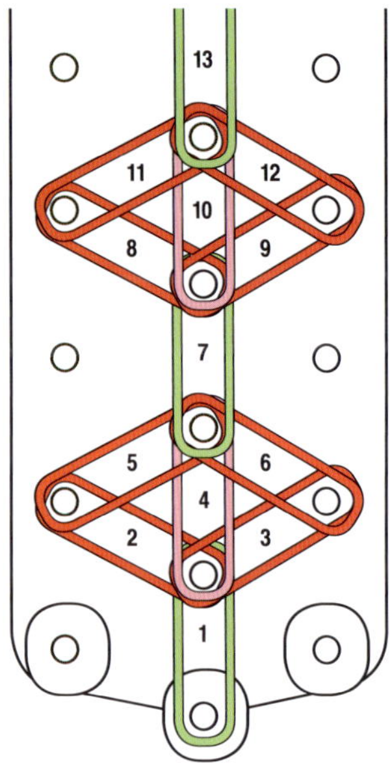

1 Das spitze Ende des Looms zeigt zu dir. Lege für die ersten Blüten Gummis in Grün, Rot und Rosa in der gezeigten Reihenfolge aus.

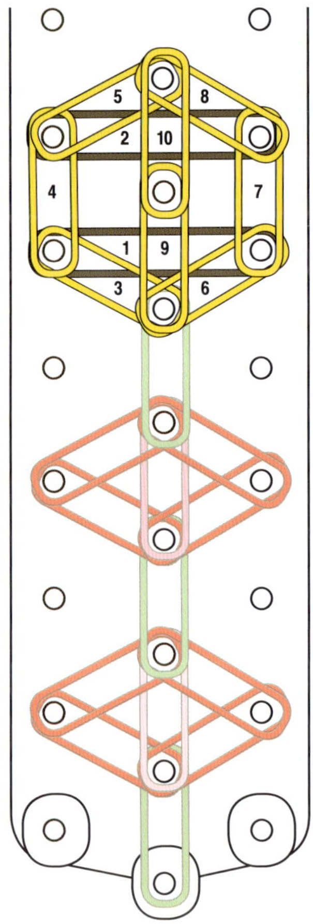

2 Für die Biene zwei schwarze Gummis waagerecht auslegen, dann ein Sechseck aus gelben Gummis und zuletzt zwei gelbe Gummis senkrecht in der Mitte. Die Reihenfolge ist in der Abbildung zu sehen.

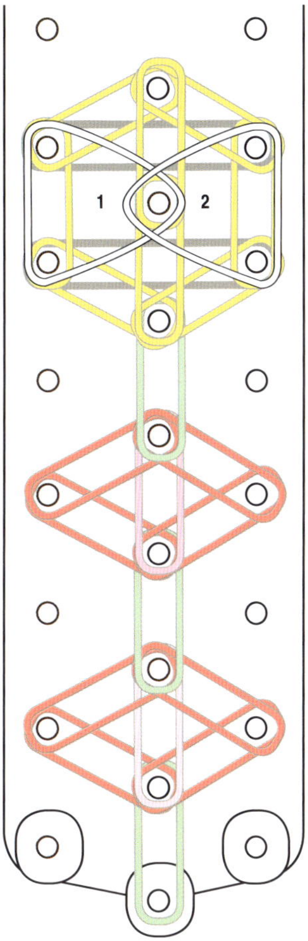

3 Für die Flügel zwei weiße Gummis in Dreiecksform auflegen.

4 Schritt 1 bis 3 noch zweimal wiederholen. Dann ein gelbes Band als Abschlussgummi vicrmal um den Stift in der oberen Mitte wickeln.

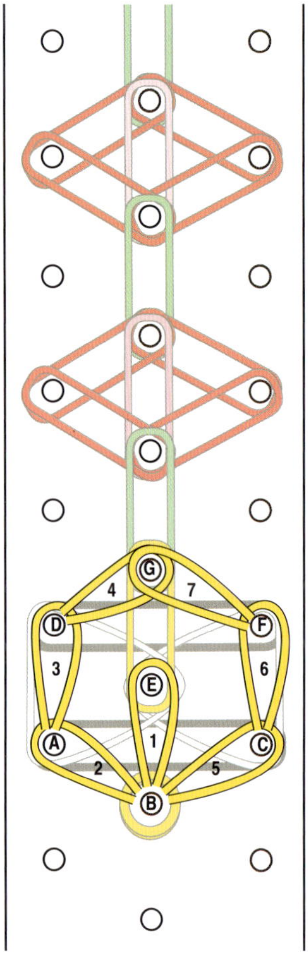

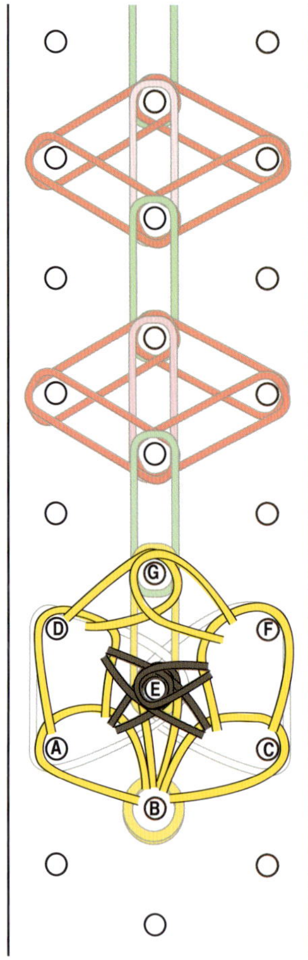

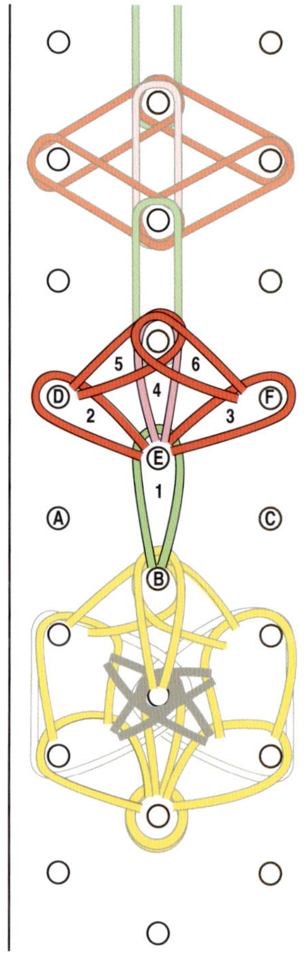

5 Den Loom umdrehen. Das spitze Ende zeigt nun von dir weg. Die Häkelnadel bei Stift B einstechen, das erste gelbe Gummi unter dem Abschlussgummi anheben und über Stift E legen. Wieder bei Stift B das nächste gelbe Gummi anheben und über Stift A legen. In der angegebenen Reihenfolge fortfahren.

6 Nun die schwarzen Gummis abhäkeln. Mit der Häkelnadel bei Stift A das schwarze Gummi anheben und über Stift E legen. Mit den schwarzen Gummis von den Stiften C, D und F wiederholen – alle werden auf Stift E gelegt.

7 Bei Stift E das gelbe Gummi anheben und über Stift G legen. Damit ist die Biene fertig.

8 Für die Blumen bei Stift B das grüne Band anheben und über Stift E legen. Bei Stift E das obere rote Gummi anheben und über Stift D legen. Dann wieder bei Stift E das nächste rote Gummi anheben und über Stift F legen. In der gezeigten Reihenfolge fortfahren, dann mit der darüber liegenden Blume wiederholen. Mit dem grünen Gummi für den „Stiel" beginnen. Danach Schritt 5 bis 8 bis zum Ende des Looms wiederholen.

9 Mit der Häkelnadel in alle Schlaufen auf dem letzten Stift einstechen und das Armband vorsichtig vom Loom nehmen. Die Schlaufen in einen C-Clip einhängen, dann den Clip am Anfang des Armbands befestigen.

Armband mit Marienkäfern

SCHWIERIGKEITSGRAD

✱ ✱ ✱

Du brauchst

Loom

9 grüne Gummis

24 gelbe Gummis

6 orange Gummis

21 rote Gummis

10 schwarze Gummis

Häkelnadel

C-Clip

1 Wie in Schritt 1 beim Armband mit Bienen vorgehen. Nimm aber gelbe Gummis statt der roten und orange statt der rosa Gummis.

2 Für den Marienkäfer rote und schwarze Gummis in der gezeigten Reihenfolge auslegen. Für das waagerechte Dreieck (9) zwei rote Gummis verwenden.

3 Schritt 1 und 2 noch zweimal wiederholen, dann ein schwarzes Band als Abschlussgummi viermal um den Stift in der oberen Mitte wickeln.

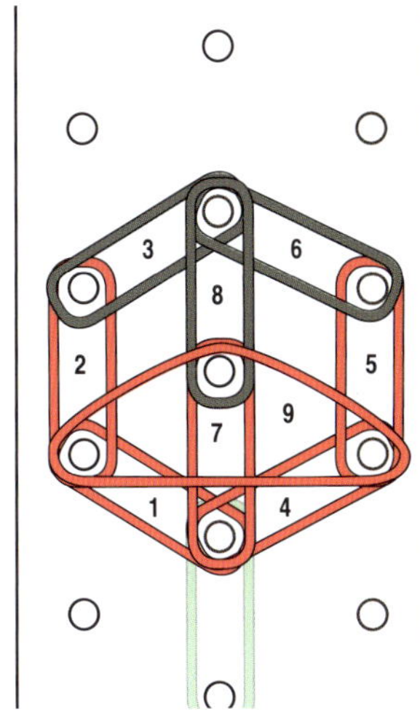

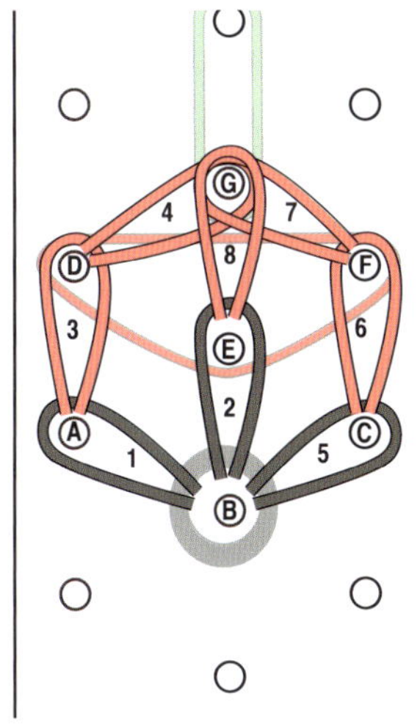

4 Den Loom umdrehen. Das spitze Ende zeigt nun von dir weg. Die Häkelnadel bei Stift B einstechen und die schwarzen Gummis in der angegebenen Reihenfolge über ihre Gegenstifte legen. Mit den roten Gummis wiederholen, wie in der Abbildung gezeigt ist.

5 Die restlichen Gummis wie in Schritt 8 des Bienen-Armbands abhäkeln. Die Fertigstellung ist in Schritt 9 des Bienen-Armbands erklärt.

Kapitel 3

Tolle Accessoires

Namens-Anhänger

Aus Gummis kann man auch Schlüsselanhänger knüpfen. Mit Buchstabenperlen kannst du sogar Namen „einbauen“. Ein tolles Geschenk!

SCHWIERIGKEITSGRAD

*

Du brauchst

- Loom
- 12 türkise Gummis
- 8 orange Gummis
- 8 grüne Gummis
- 10 weiße Gummis
- Buchstabenperlen aus Plastik
- Häkelnadel
- Schlüsselring

DER LOOM

Du brauchst einen Loom mit schräger Anordnung – 3 Stifte in der Breite und 13 Stifte in der Länge (siehe Seite 10).

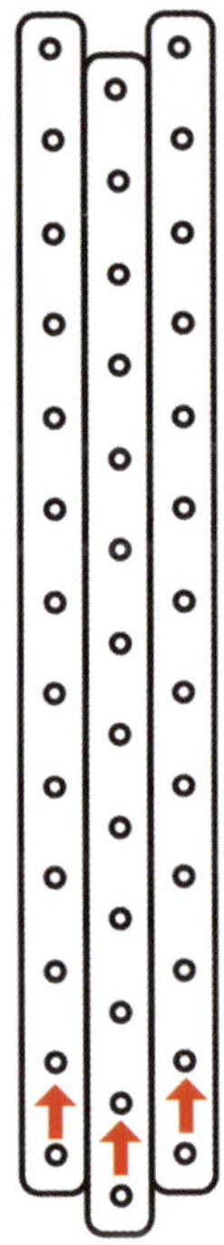

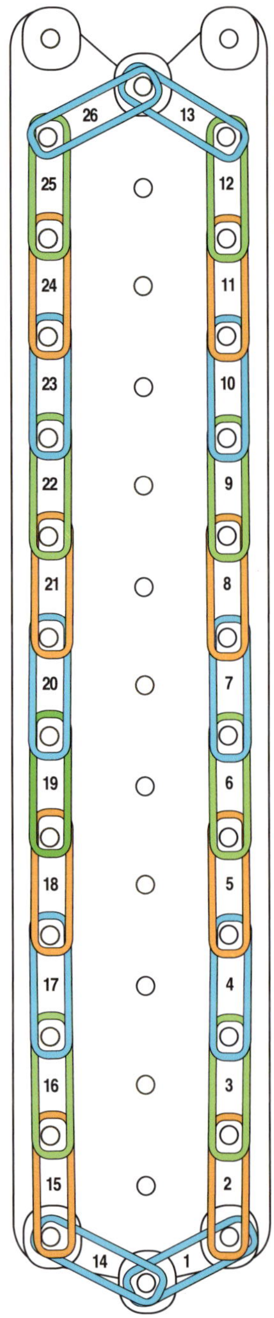

1 Das spitze Ende des Looms zeigt zu dir. Mit einem türkisen Band beginnen und die Gummis zuerst auf der rechten Seite des Looms auslegen. Die Farbfolge ist auf der Abbildung zu sehen. Auf der linken Seite wiederholen.

2 Die Buchstabenperlen auf weiße Gummis fädeln. Die Gummis waagerecht über Stiftpaare legen. Die Buchstaben müssen auf dem Kopf stehen. Für eine Lücke zwischen zwei Wörtern legst du ein weißes Gummi ohne Perle aus. Ein türkises Band als Abschlussgummi viermal um den Stift in der oberen Mitte wickeln.

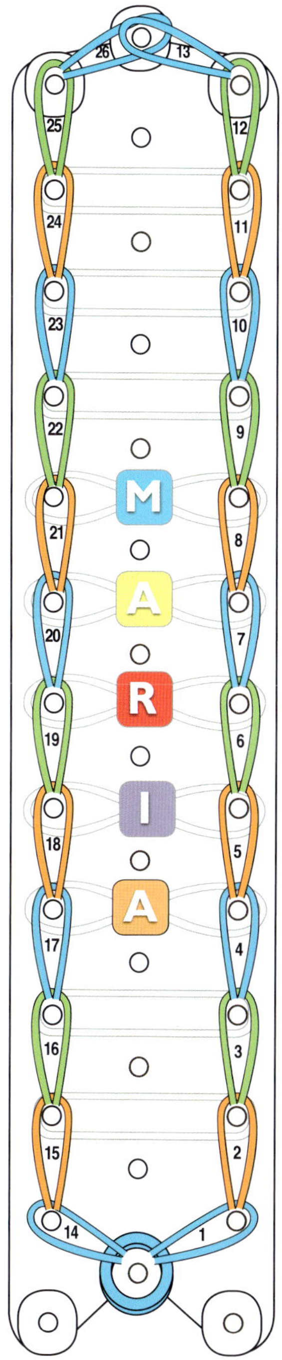

3 Den Loom umdrehen. Das spitze Ende zeigt nun von dir weg. Mit der Häkelnadel beim untersten Stift das obere türkise Band (unter dem Abschlussgummi) anheben und um seinen Gegenstift legen. Von unten nach oben auf der rechten Seite des Looms alle Gummis über ihre Gegenstifte legen. Auf der linken Seite wiederholen.

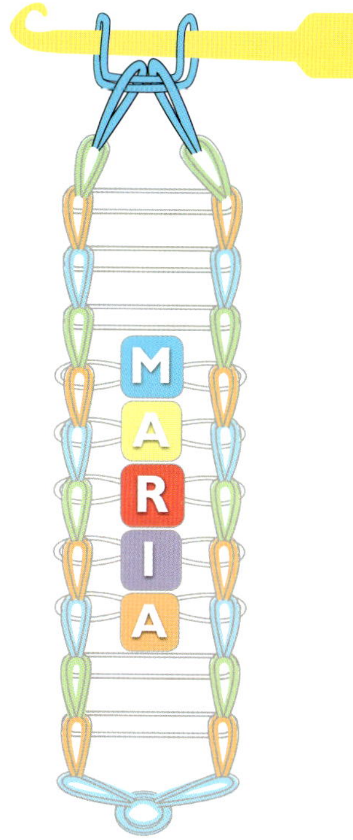

4 Die Häkelnadel durch alle Schlaufen auf dem oberen Stift schieben. Den Schlüsselanhänger vorsichtig vom Loom nehmen, aber an der Häkelnadel hängen lassen. Ein türkises Gummi durch die Schlaufen auf der Häkelnadel ziehen.

5 Nun noch einen Schlüsselring an den türkisen Schlaufen befestigen – schon fertig.

Haarreif mit Zacken

So leicht kannst du einen schlichten Plastik-Haarreifen veredeln!

SCHWIERIGKEITSGRAD
* *

Du brauchst

Loom

27 blaue Gummis

12 rosa Gummis

24 gelbe Gummis

24 lila Gummis

24 grüne Gummis

27 orange Gummis

Häkelnadel

2 C-Clips

Haarreif, ca. 4 mm breit

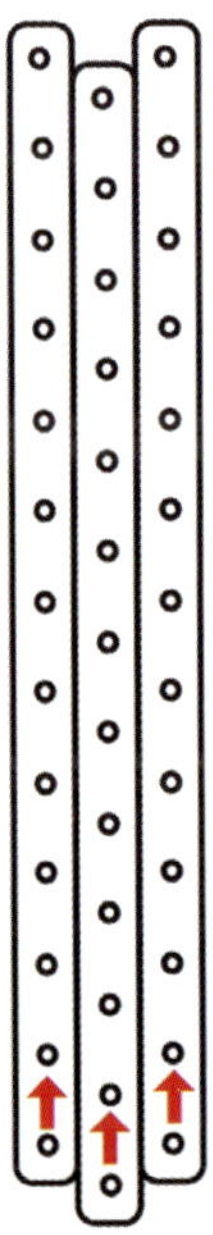

DER LOOM

Du brauchst einen Loom mit schräger Anordnung – 3 Stifte in der Breite und 13 Stifte in der Länge (siehe Seite 10).

1 Das spitze Ende des Looms zeigt von dir weg. Drei blaue Gummis zur 8 drehen und in Dreiecksform in der angegebenen Reihenfolge über die unteren rechten Stifte legen.

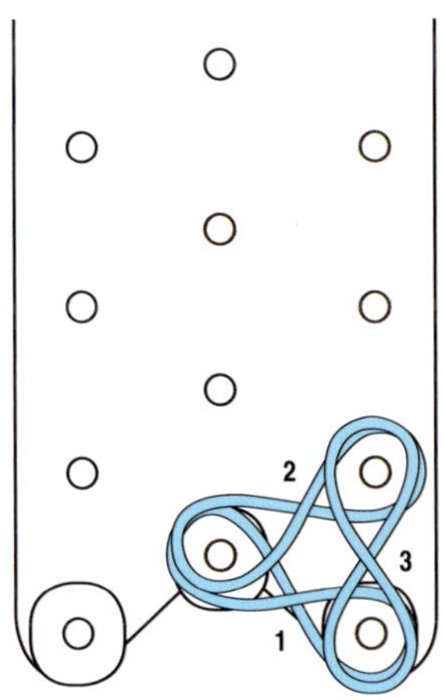

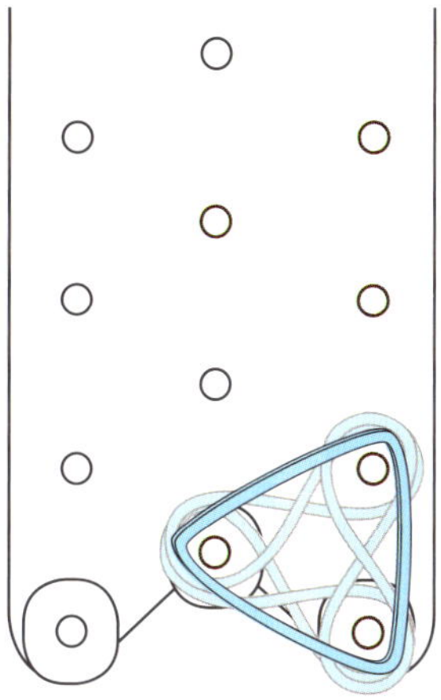

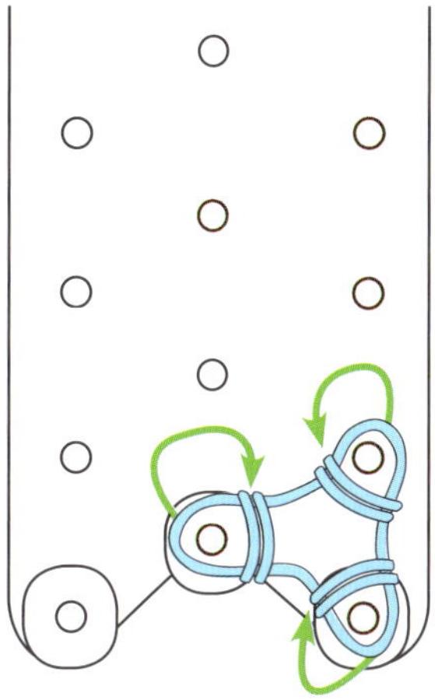

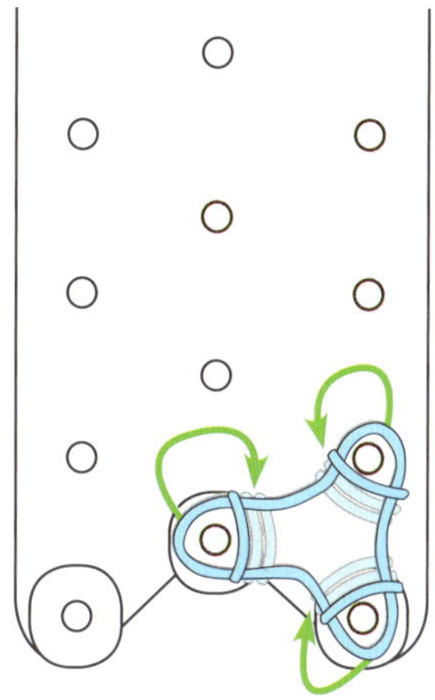

2 Zwei weitere blaue Gummis (nicht gedreht) in Dreiecksform über dieselben Stifte legen.

3 Mit der Häkelnadel die beiden unteren Gummis auf einem Stift anheben und über den Stift zur Mitte des Dreiecks legen. An den beiden anderen Stiften wiederholen.

4 Wieder ein blaues Gummi als Dreieck über die drei Stifte legen, dann das untere Gummi eines Stifts über den Stift zur Mitte heben. An den beiden anderen Stiften wiederholen.

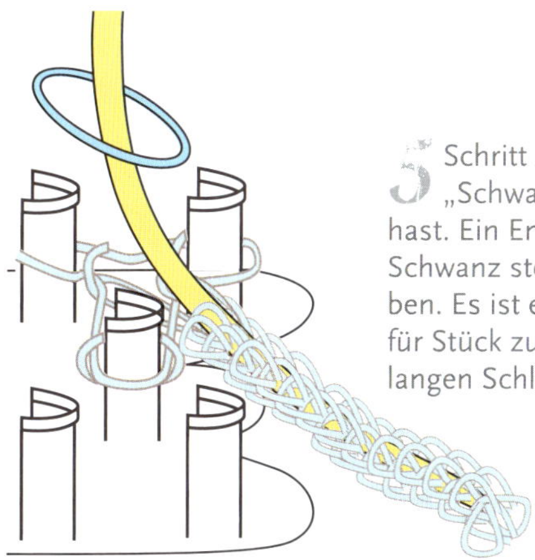

5 Schritt 4 wiederholen, bis du einen „Schwanz" aus 25 blauen Schlaufen hast. Ein Ende des Haarreifs in diesen Schwanz stecken und bis zum Ende schieben. Es ist einfacher, den Haarreif Stück für Stück zu bedecken, als ihn später in den langen Schlauch zu schieben.

6 Jetzt kommt das Muster zwischen zwei einfarbigen Teilen. Die Gummis werden ausgelegt und abgehäkelt wie in Schritt 4. Die Farbfolge ist: 1x Rosa, 1x Gelb, 1x Blau, 1x Rosa, 1x Gelb, 1x Blau, 1x Rosa, 20x Gelb.

7 Schritt 6 wiederholen. Die Farbfolge ist: 1x Rosa, 1x Lila, 1x Gelb, 1x Rosa, 1x Lila, 1x Gelb, 1x Rosa, 20x Lila.

8 Schritt 6 wiederholen. Die Farbfolge ist: 1x Rosa, 1x Grün, 1x Lila, 1x Rosa, 1x Grün, 1x Lila, 1x Rosa, 20x Grün.

9 Schritt 6 noch einmal wiederholen. Die Farbfolge ist: 1x Rosa, 1x Orange, 1x Grün, 1x Rosa, 1x Orange, 1x Grün, 1x Rosa, 25x Orange.

10 Nun einen C-Clip in die letzten drei orange Gummis einhängen, damit sie nicht aufgehen. Am anderen Ende wird ein C-Clip befestigt, damit der Haarreifen nicht aus dem Schlauch rutschen kann.

Blumen-Haarspangen

Die hübschen Blumen kannst du auch als Anhänger verwenden oder Geschenke damit verzieren.

SCHWIERIGKEITSGRAD

✱✱

Du brauchst

(für zwei Haarspangen)

Loom

12 türkise Gummis

26 orange Gummis

38 lila Gummis

Häkelnadel

2 Haarspangen

Heißklebepistole und Klebestäbchen

2 Kreise aus Filz, 2,5 cm Durchmesser

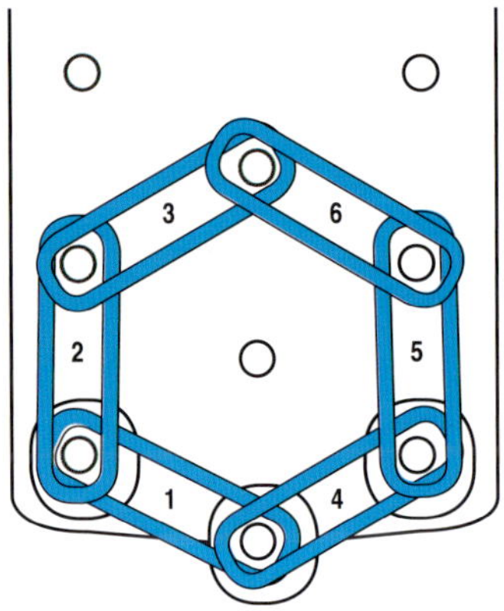

1 Das spitze Ende des Looms zeigt zu dir. Sechs türkise Gummis in der gezeigten Reihenfolge in einem Sechseck auslegen.

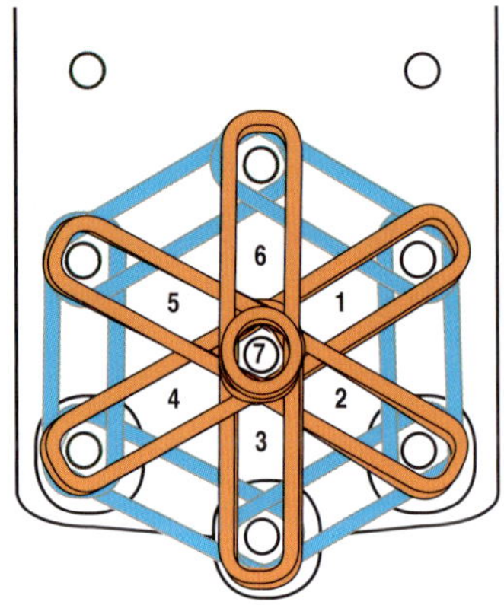

2 Im Uhrzeigersinn zwei orange Gummis vom Mittelstift zu jedem Stift am Rand legen. Dabei die Reihenfolge beachten. Ein orange Band als Abschlussgummi zweimal um den Mittelstift wickeln.

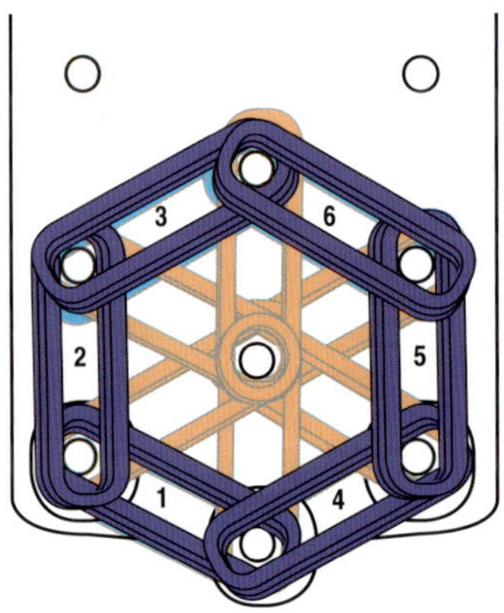

3 Nun in der angegebenen Reihenfolge über jedes Stifte-Paar drei lila Gummis legen.

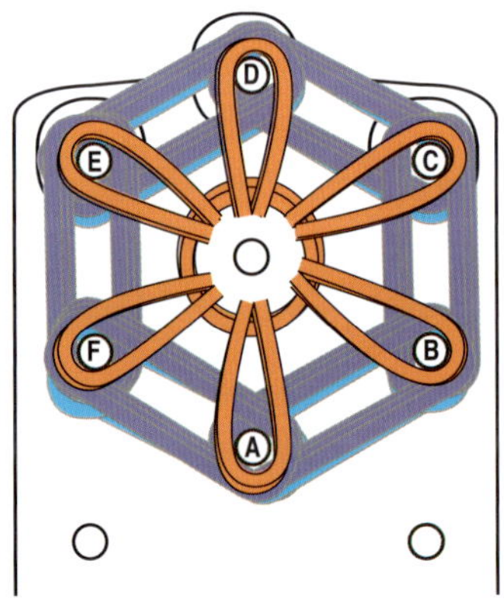

4 Den Loom umdrehen. Das spitze Ende zeigt nun von dir weg. Mit der Häkelnadel am Mittelstift die beiden in Schritt 2 zuletzt aufgelegten Gummis (aber nicht das Abschlussgummi) anheben und über Stift A legen. Entgegen dem Uhrzeigersinn rundherum von B bis F wiederholen.

DER LOOM

Du brauchst einen Loom mit schräger Anordnung – 3 Stifte in der Breite und 13 Stifte in der Länge (siehe Seite 10).

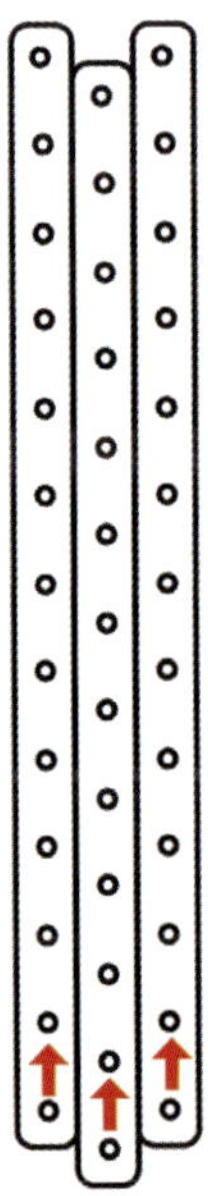

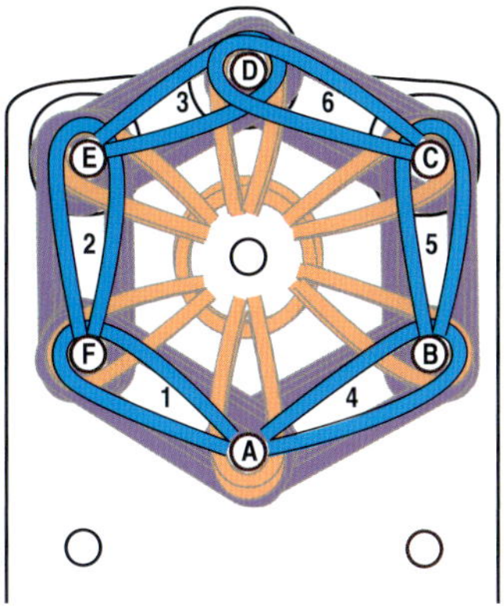

5 Mit der Häkelnadel bei Stift A das türkise Gummi anheben und über Stift F legen. Mit den anderen türkisen Gummis in der angegebenen Reihenfolge wiederholen.

6 Mit der Häkelnadel durch die orange und türkisen Schlaufen (aber nicht die lila Schlaufen!) stechen und die Blume vorsichtig vom Loom nehmen. Ein lila Gummi durch die Schlaufen auf der Häkelnadel ziehen. Eine Schlaufe des letzten Gummis durch die andere holen und gut festziehen.

7 Schritt 1 bis 6 für die zweite Blume wiederholen.

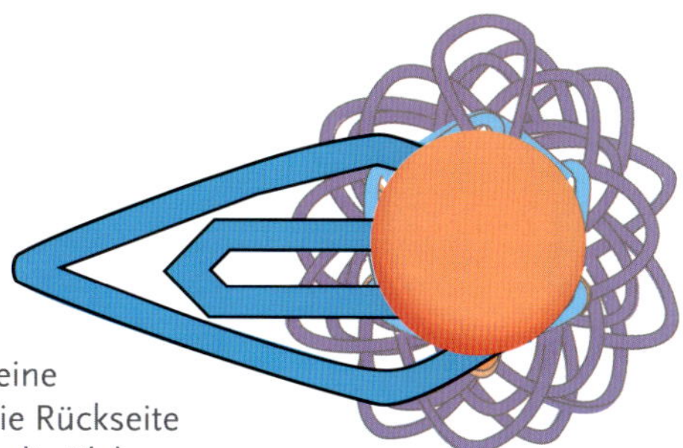

8 Jede Blume mit der Heißklebepistole auf eine Haarspange kleben. Auf die Rückseite einen Filzkreis kleben, um die Klebestellen zu verstecken. Lass dir dabei von einem Erwachsenen helfen.

Sind diese Schleifen nicht süß? Sie werden mit einer Heißklebepistole an einfachen Haargummis befestigt.

Haarschleifen

SCHWIERIGKEITSGRAD

✻ ✻

Du brauchst

Loom

59 rosa Gummis

Häkelnadel

Haargummi

Heißklebepistole und Klebestäbchen

Filz, 1 x 2 cm

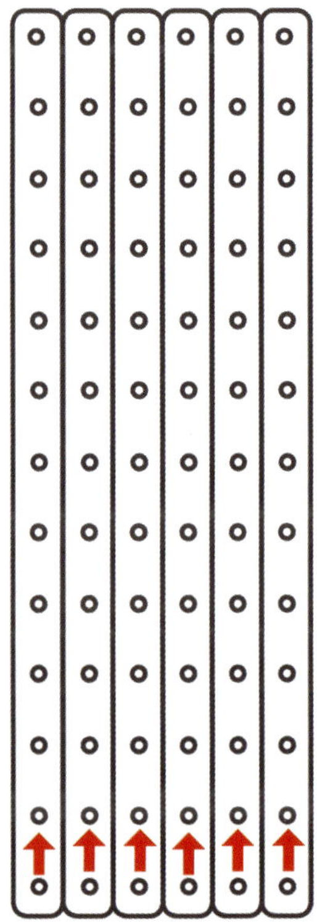

DER LOOM

Du brauchst einen Loom mit gerader Anordnung – 6 Stifte in der Breite und 13 Stifte in der Länge (siehe Seite 8). Wenn du einen gekauften Loom benutzt, musst du vielleicht Streifen zur passenden Größe zusammensetzen.

1 Die erste Hälfte der Gummis für den Umriss in der gezeigten Reihenfolge auslegen.

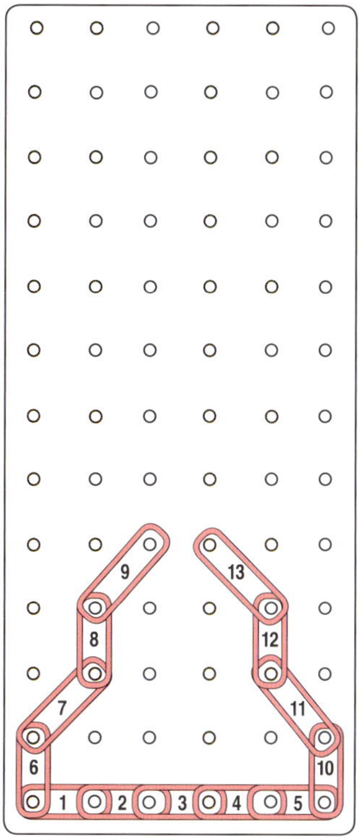

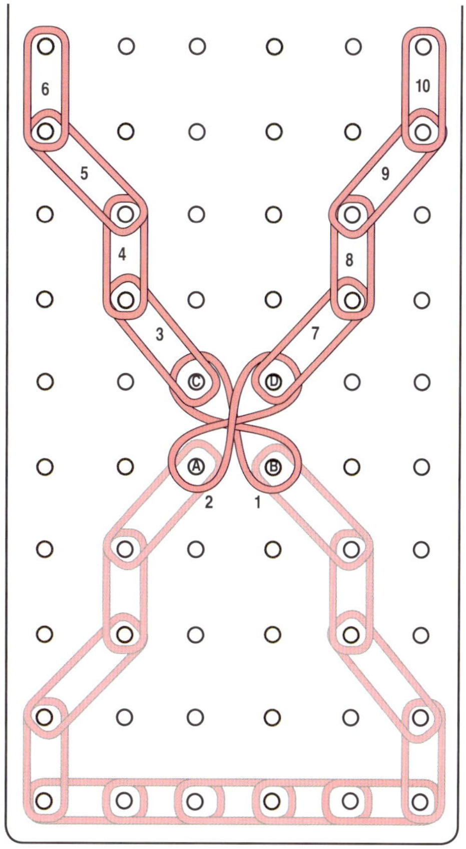

2 Für die Mitte ein rosa Gummi zur 8 drehen und schräg über die Stifte B und C legen. Ein zweites rosa Gummi ebenso über die Stifte A und D legen. Dann die weiteren Gummis in der gezeigten Reihenfolge auslegen.

3 Nun die Flächen mit weiteren rosa Gummis ausfüllen. Achte dabei genau auf die Reihenfolge.

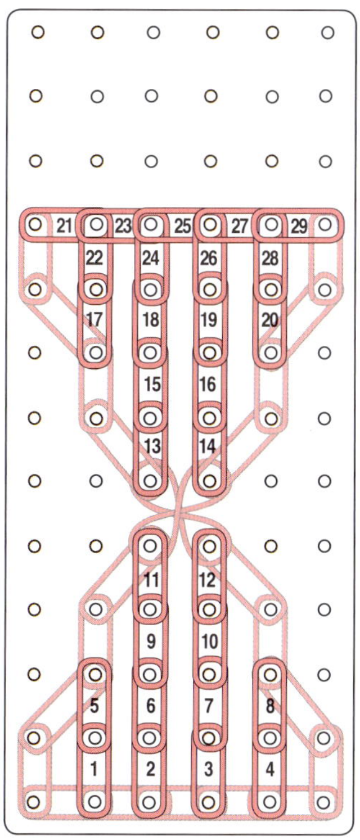

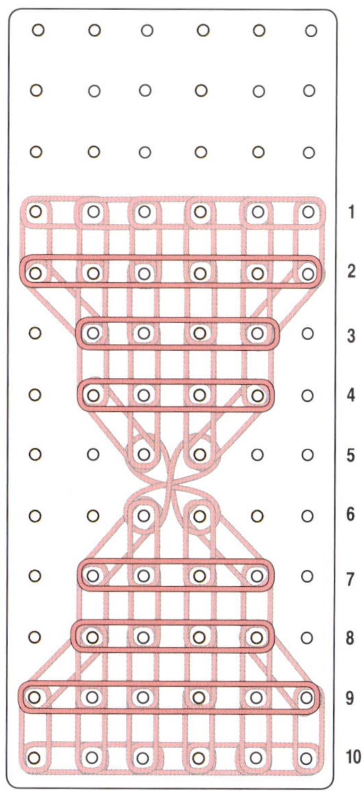

4 In jeder der Reihen 2, 3, 4, 7, 8 und 9 ein Gummiband über alle Stifte spannen.

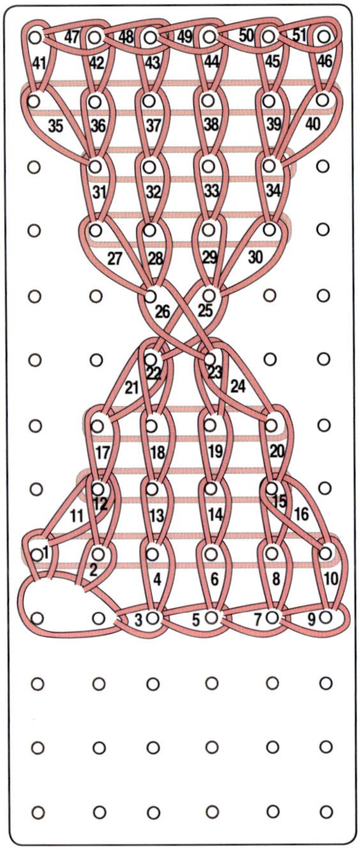

5 Den Loom umdrehen. Das untere linke Gummi abnehmen, zur 8 drehen und wieder auf die Stifte legen. Dann jedes Gummi so abhäkeln, dass seine beiden Enden auf demselben Stift liegen. Halte dabei genau die gezeigte Reihenfolge ein.

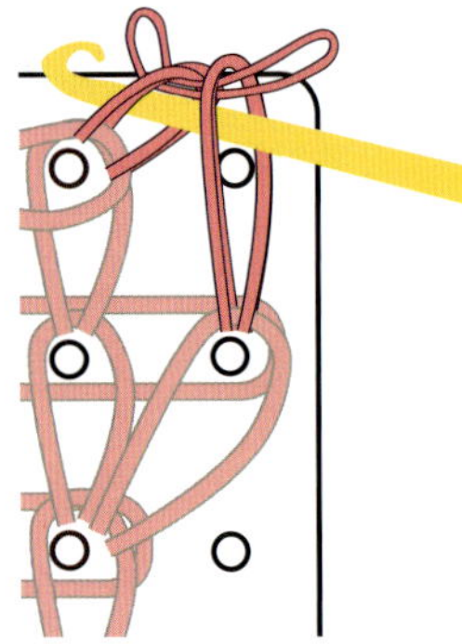

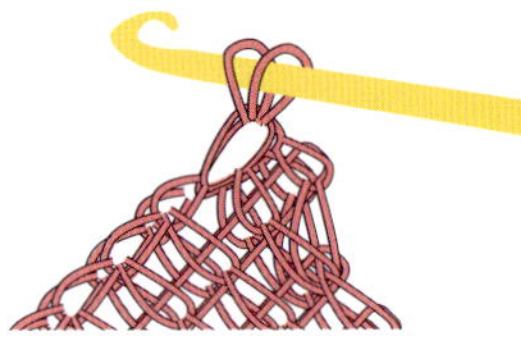

6 Die Häkelnadel durch alle Gummis auf dem oberen rechten Stift stecken. Die Gummis dehnen und ein rosa Gummi durch sie ziehen.

7 Nun liegen zwei Schlaufen auf der Häkelnadel. Die Schleife vorsichtig vom Loom nehmen, aber noch an der Häkelnadel hängen lassen.

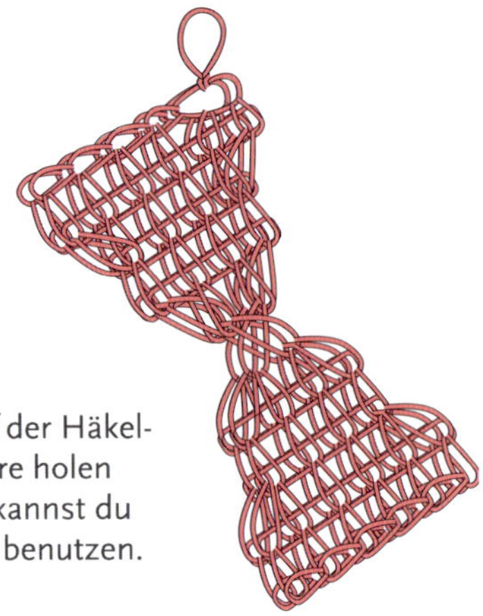

8 Die eine Schlaufe auf der Häkelnadel durch die andere holen und gut festziehen. Jetzt kannst du die Schleife als Anhänger benutzen.

9 Für eine Haarschleife die letzte Schlaufe mit der Häkelnadel durch den Rand der Schleife ziehen, um sie zu verstecken.

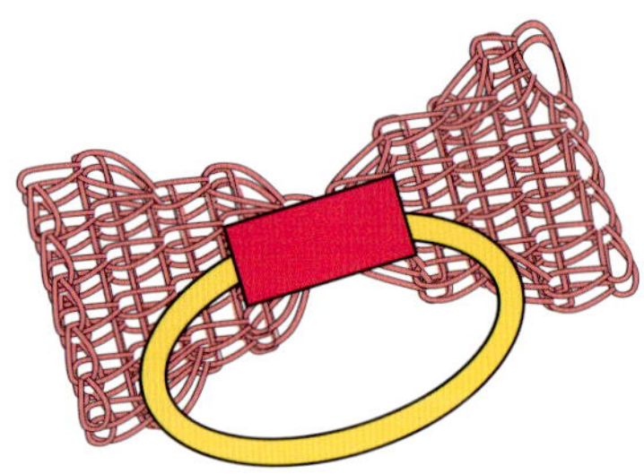

10 Etwas Heißkleber auf die Rückseite der Schleife geben und das Haargummi festkleben. Lass dir dabei von einem Erwachsenen helfen. Auf der Rückseite das Filz-Viereck festkleben. So sind die Klebestellen nicht mehr zu sehen.

Schmetterlings-Ring

Der Schmetterling ist eigentlich ein Anhänger, aber er sieht auch auf einem Ring hübsch aus.

SCHWIERIGKEITSGRAD

✻ ✻

Du brauchst

- 4 schwarze Gummis
- 4 orange Gummis
- 4 gelbe Gummis
- 4 lila Gummis
- Häkelnadel
- Ring-Rohling
- Heißklebepistole und Klebestäbchen
- Kreis aus Filz, 1 cm Durchmesser

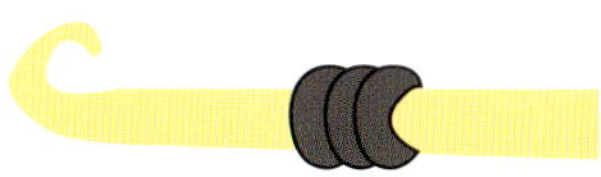

1 Ein schwarzes Gummi dreimal um die Häkelnadel wickeln.

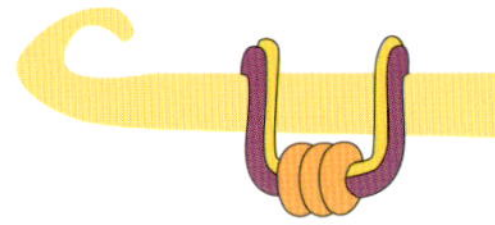

2 Zwei schwarze Gummis durch die Schlaufen auf der Häkelnadel ziehen.

3 Eine Schlaufe eines dieser durchgezogenen Gummis durch die andere fädeln und festziehen. Mit dem anderen Gummi wiederholen. Zur Seite legen.

4 Schritt 1 mit einem orange Gummi wiederholen. Schritt 2 mit einem gelben und einem lila Band wiederholen. Die gelben und die lila Schlaufen auf die Häkelnadel legen.

5 Schritt 4 noch dreimal wiederholen. Alle Schlaufen auf die Häkelnadel legen.

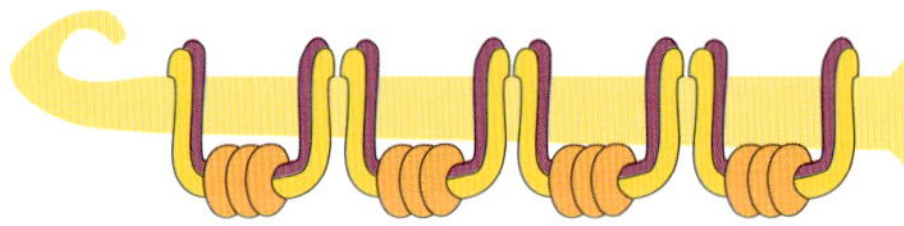

6 Die schwarzen Gummis aus Schritt 1 bis 3 zur Hand nehmen. Eine Endschlaufe durch alle farbigen Schlaufen auf der Häkelnadel ziehen. Dann die Häkelnadel ins andere Ende derselben schwarzen Schlaufe einstechen.

7 Nun die Schlaufe, die näher am Griff der Häkelnadel liegt, über die Schlaufe an der Spitze der Häkelnadel ziehen. Dadurch werden die „Flügel" des Schmetterlings fixiert.

8 Die Häkelnadel in die Schlaufe stecken, die in Schritt 6 an der Spitze lag. Ein schwarzes Gummi so durchziehen, dass auf jeder Seite eine Schlaufe entsteht.

9 Mit der Häkelnadel eine dieser Schlaufen durch die andere holen. Gut festziehen. Das ist der Körper des Schmetterlings.

10 Die obere Schlaufe in der Mitte durchschneiden. In jedes Ende einen Knoten binden. Das sind die Fühler.

11 Jetzt den Schmetterling auf den Ring-Rohling kleben. Auf der Rückseite den Filzkreis befestigen, um die Klebestellen zu verdecken. Lass dir dabei von einem Erwachsenen helfen.

Noch mehr Ideen

Du kannst den Schmetterling auch auf einen Ohrclip, eine Haarspange oder einen Haarreifen kleben.

Cupcake-Ohrclips

Mit diesen lustigen Ohrclips sorgst du bestimmt für Aufsehen. Rohlinge für Ohrclips kannst du im Bastelgeschäft kaufen. Sie sind gar nicht teuer.

SCHWIERIGKEITSGRAD

* *

Du brauchst

(für zwei Ohrclips)

Loom

2 rote Gummis

2 rote Perlen

32 rosa Glitzergummis

30 hellgrüne Gummis

Häkelnadel

C-Clip

2 Ohrclip-Rohlinge

Heißklebepistole und Klebestäbchen

DER LOOM

Du brauchst einen Loom mit gerader Anordnung – 3 Stifte in der Breite und 13 Stifte in der Länge (siehe Seite 8). Lege ihn so, dass die Pfeile von dir weg zeigen.

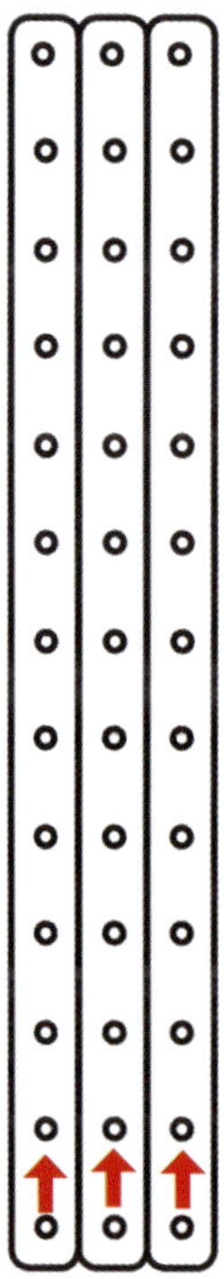

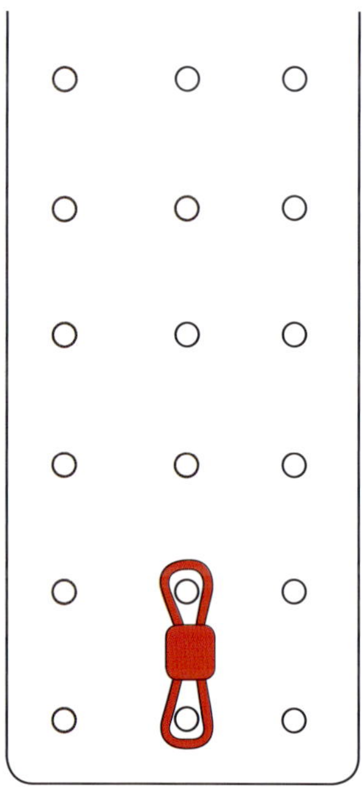

1 Ein rotes Gummi durch eine rote Perle fädeln und dann über die beiden unteren Stifte deines Looms legen.

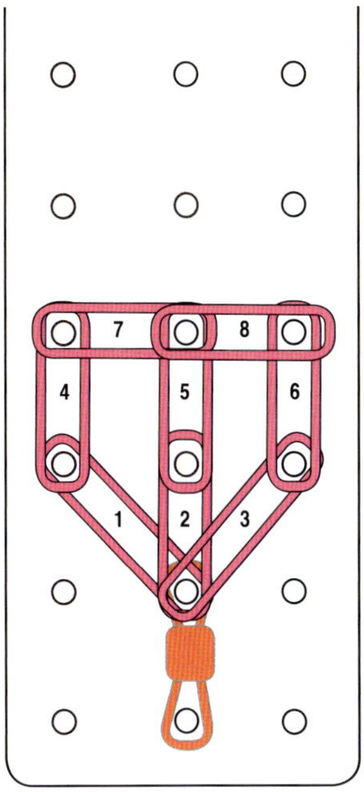

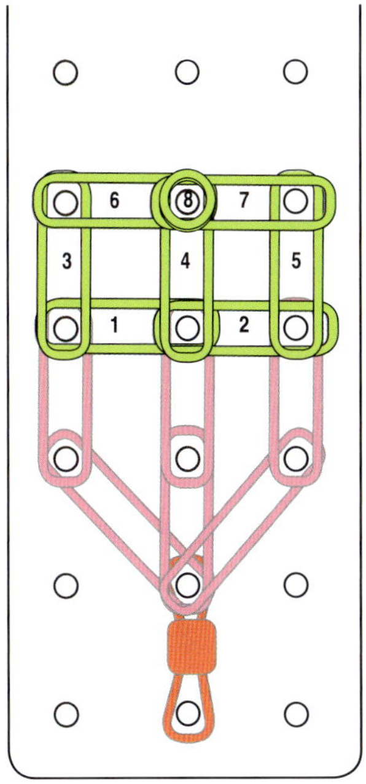

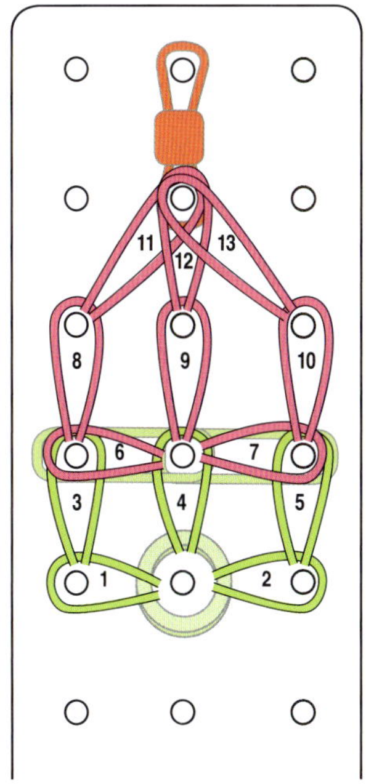

2 Je zwei rosa Glitzergummis in der gezeigten Reihenfolge über Stiftpaare legen. Es ist wichtig, dass du diese Reihenfolge genau einhältst.

3 Nun je zwei hellgrüne Gummis wie auf der Abbildung auslegen. Ein weiteres hellgrünes Band als Abschlussgummi viermal um den Stift in der Mitte der oberen Reihe wickeln.

4 Den Loom umdrehen. Am Stift in der Mitte beginnen. Mit der Häkelnadel das obere hellgrüne Gummi (unter dem Abschlussgummi) anheben und über seinen Gegenstift legen. Mit den anderen Bandpaaren wiederholen, dabei die gezeigte Reihenfolge einhalten.

5 Das einzelne rote Gummi am letzten Stift über den Stift heben und durch die eigene Schlaufe ziehen. Dadurch wird die Perle fixiert. Gut festziehen, dann den Cupcake vorsichtig vom Loom nehmen. Das lange Ende des roten Gummis einige Male um die Perle schlingen, damit sie nicht abrutschen kann.

6 Für den zweiten Cupcake Schritt 1 bis 5 wiederholen.

7 Jetzt mit der Heißklebepistole die Ohrclip-Rohlinge auf die Rückseiten der Cupcakes kleben. Lass dir dabei von einem Erwachsenen helfen. Vor dem Tragen gut abkühlen lassen.

Noch mehr Ideen

Knüpfe für ein Set mehr Cupcakes und klebe sie auf Ring-Rohlinge, Haarspangen oder Armbänder.

Du kannst die Schlaufe in Schritt 5 auch lang lassen und den Cupcake als Anhänger für Schlüssel oder Handy verwenden.

Männchen-Anhänger

Wer das Knüpfen der kleinen Figuren gelernt hat, braucht nur Kleinigkeiten zu ändern, um Mini-Ausgaben von Familienmitgliedern, Freunden oder Superhelden zu knüpfen.

SCHWIERIGKEITSGRAD

✻ ✻ ✻

Du brauchst

(für den Jungen)

Loom

10 schwarze Gummis (Haare)

26 orange Gummis (Haut)

47 grüne Gummis (Hemd)

19 blaue Gummis (Hose)

Häkelnadel

Schlüsselring

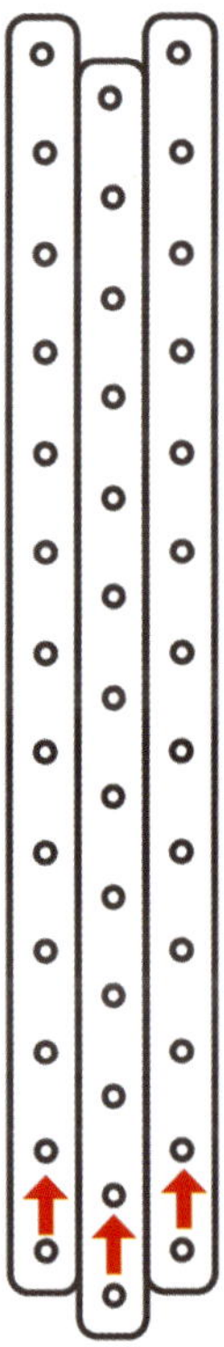

DER LOOM

Du brauchst einen Loom mit schräger Anordnung – 3 Stifte in der Breite und 13 Stifte in der Länge (siehe Seite 10).

Den Jungen knüpfen

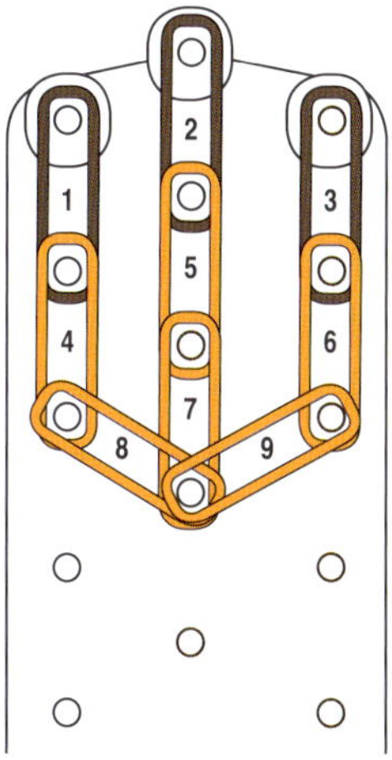

1 Das spitze Ende des Looms zeigt von dir weg. In der angegebenen Reihenfolge drei Paar schwarze Bänder für die Haare auslegen, dann sechs Paar orange Bänder für den Kopf.

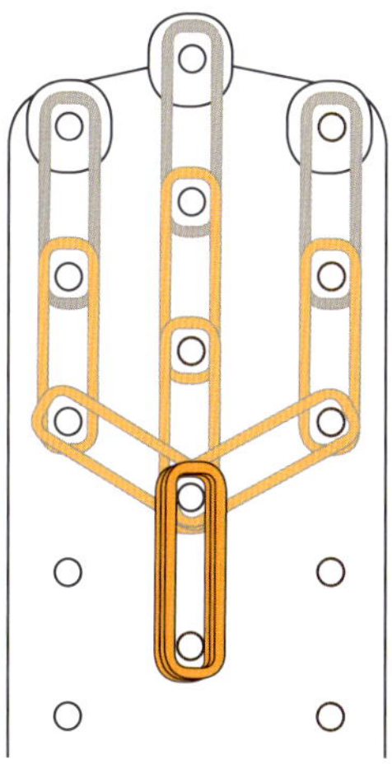

2 Für den Hals darunter drei orange Gummis auslegen.

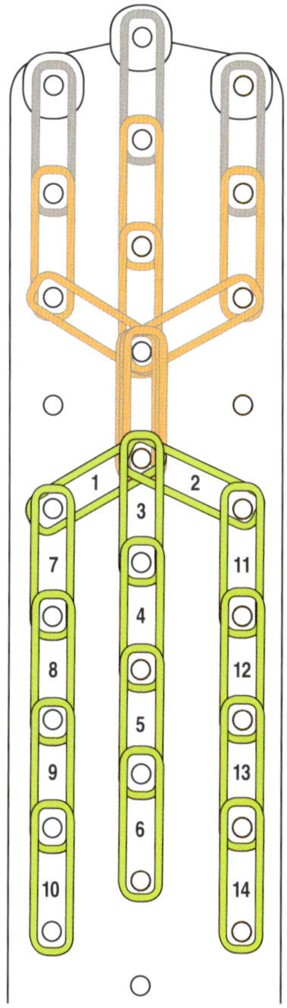

3 Nun für Schultern und Hemd 14 Paar grüne Gummis wie auf der Zeichnung auslegen. Achte auf die Reihenfolge.

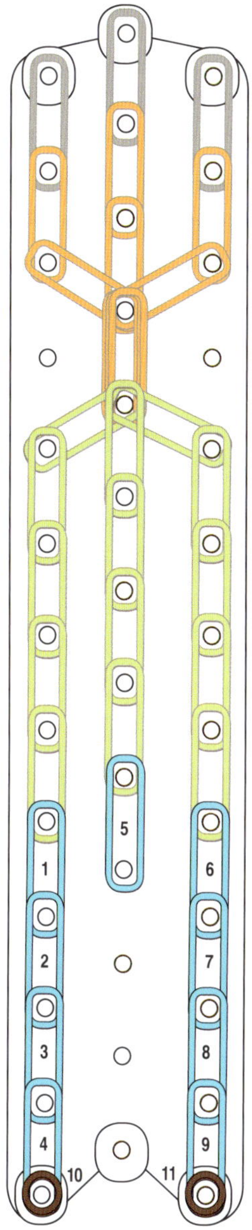

4 Neun Paar blaue Gummis für die Hose auslegen, dabei wieder die Reihenfolge beachten. Für die Füße jeden der beiden unteren Stifte viermal mit einem schwarzen Gummi umwickeln.

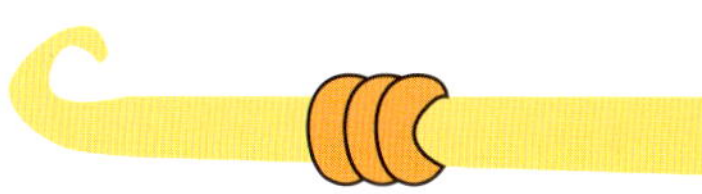

5 Für die Arme ein orange Gummi dreimal um die Häkelnadel wickeln.

6 Zwei weitere orange Gummis mit der Häkelnadel zur Hälfte durch die Wicklungen ziehen. Die Enden der durchgezogenen Gummis auf die Häkelnadel legen. Es sind insgesamt vier Schlaufen (siehe Seite 15).

7 Dasselbe mit zwei orange Gummis wiederholen – das ist die Hand. Für den Ärmel vier Paar grüne Gummis ebenso anfügen.

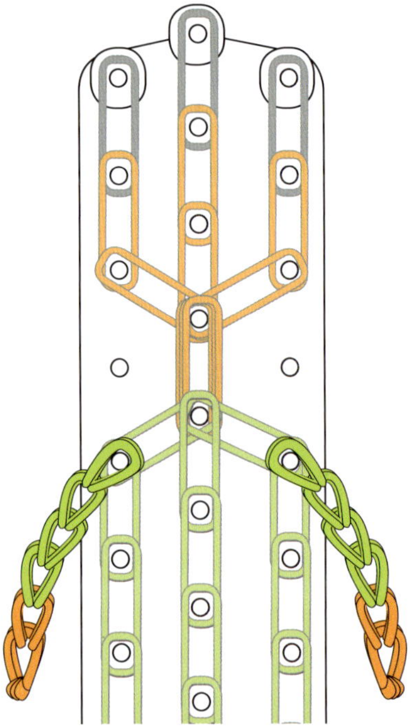

8 Die Schlaufen von der Häkelnadel auf den Stift an der Ecke einer Schulter legen. Schritt 5 bis 8 für den zweiten Arm wiederholen.

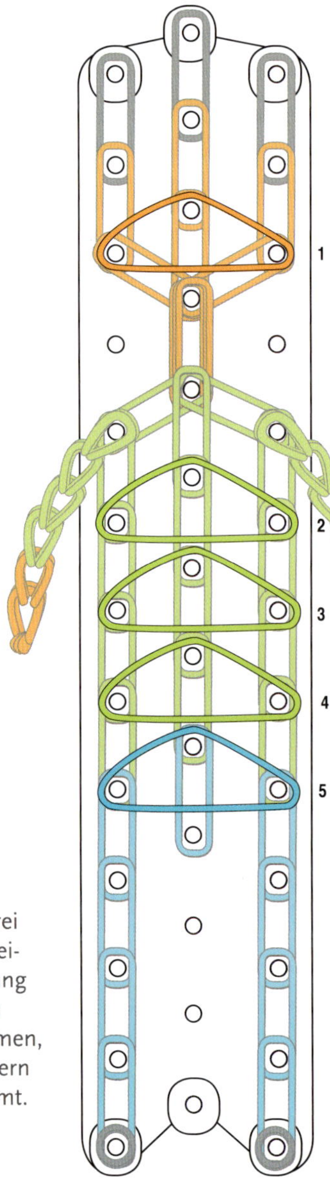

9 Nun ein orange Gummi, drei grüne und ein blaues in Dreiecksformen wie auf der Abbildung auslegen. Dabei die Gummis in Reihe 1, 3, 4 und 5 doppelt nehmen, damit der Junge breitere Schultern und eine schmale Taille bekommt.

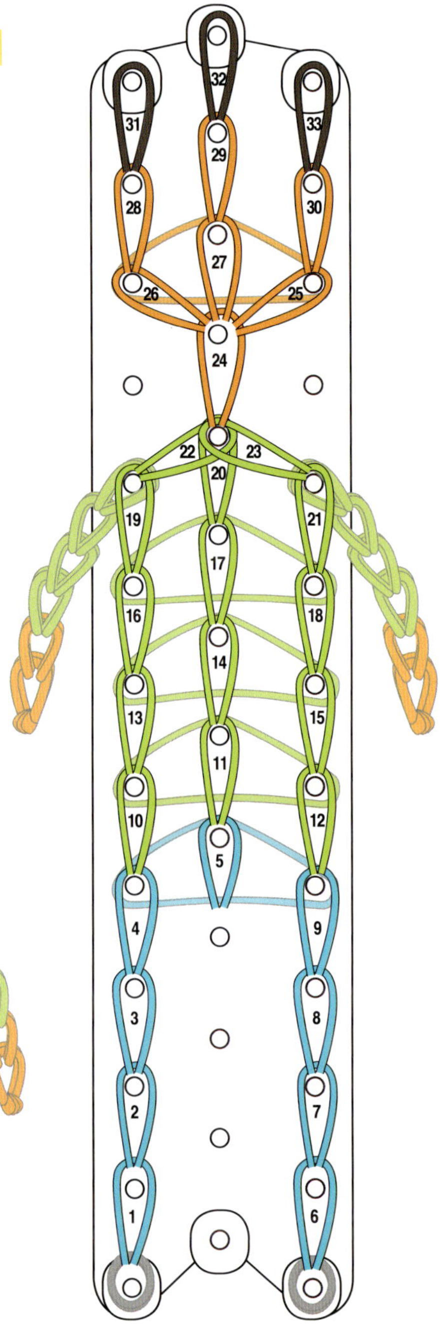

10 Den Loom jetzt nicht umdrehen! Die Gummis in der abgebildeten Reihenfolge von unten nach oben über ihre Gegenstifte legen.

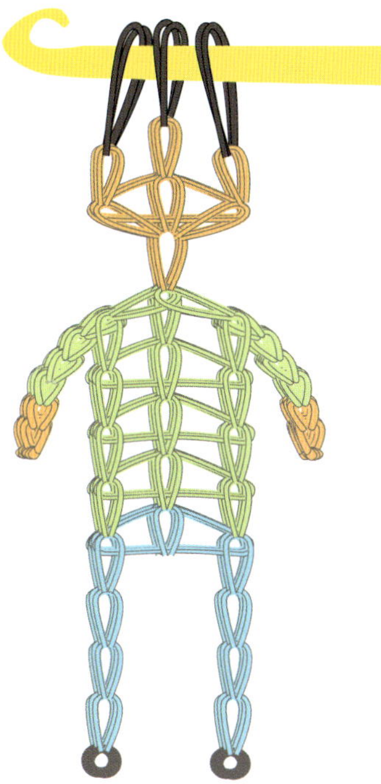

11 Die Häkelnadel durch alle Schlaufen auf dem obersten Stift schieben (es sind insgesamt 12 Schlaufen) und die Figur vorsichtig vom Loom nehmen. Zwei schwarze Gummis durch alle Schlaufen auf der Häkelnadel ziehen.

12 Diese letzten Schlaufen in den Schlüsselring einhängen. Für einen einfachen Anhänger kannst du auch ein Ende der Schlaufen durch das andere holen und gut festziehen.

Das Mädchen knüpfen

SCHWIERIGKEITSGRAD

* * *

Du brauchst

(für das Mädchen)

Loom

20 gelbe Gummis (Haare)

30 orange Gummis (Haut)

55 lila Gummis (Bluse)

19 rosa Gummis (Rock)

Häkelnadel

Schlüsselring

Die Bänder ebenso wie beim Jungen auslegen. Die Zöpfe wie die Arme knüpfen, aber drei Paar gelbe Gummis und ein Paar rosa Gummis verwenden. Der Rock besteht aus drei senkrechten Reihen von Gummis und drei Dreiecken (bei der Hose war es nur eins). Für die Beine auf jeder Seite zwei Paar orange Gummis auslegen, dann die lila Abschlussgummis als Füße anfügen.

Die Gummis für die Dreiecke werden in Reihe 1, 2, 3 und 4 doppelt genommen. In Reihe 5, 6 und 7 nur einfach um die Stifte legen, damit der Rock weit wird. Für alle anderen Schritte gehst du genau wie in der Anleitung für den Jungen vor.

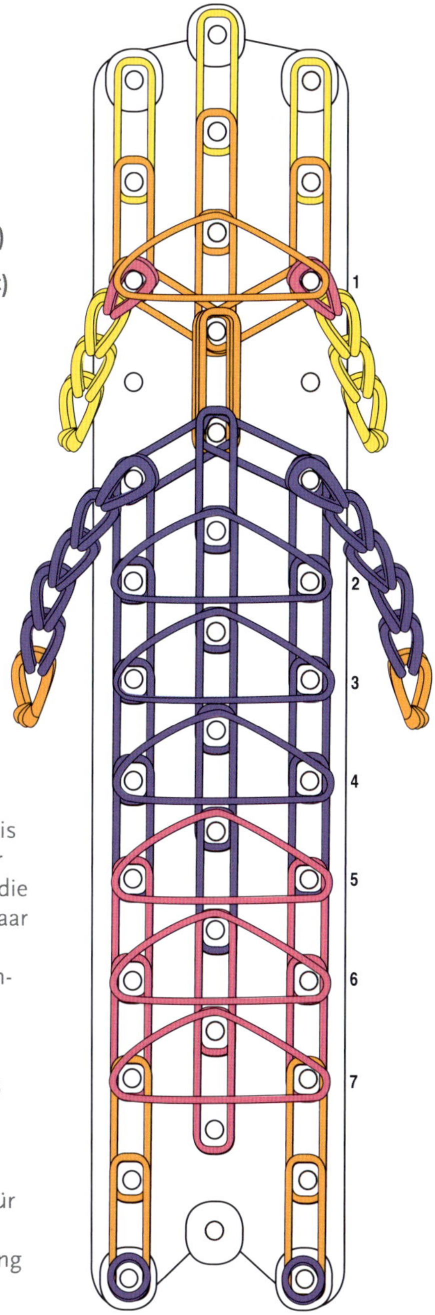

Schmuckset mit Blumen

In das „blumige“ Set aus Armband und Ring werden Perlen eingeknüpft.

SCHWIERIGKEITSGRAD

✻✻

Du brauchst

Loom

9 lila Gummis

7 gelbe Glitzergummis

6 rosa Glitzerperlen

Häkelnadel

C-Clip

Den Ring knüpfen

1 Das spitze Ende des Looms zeigt zu dir. Ein lila Gummi um die beiden unteren Stifte in der Mitte legen, ein zweites um den vierten und fünften Stift in der Mitte.

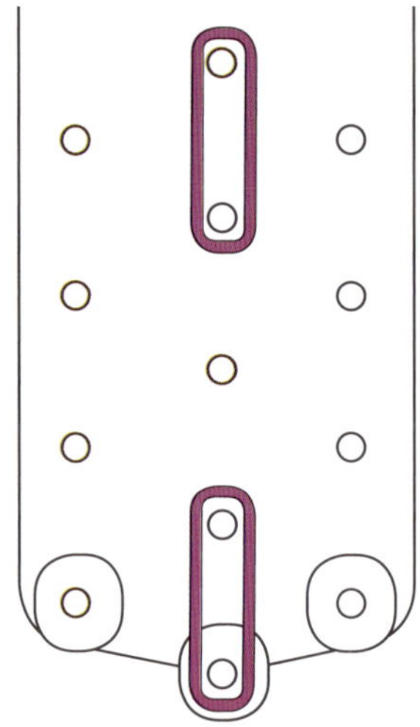

DER LOOM

Du brauchst einen Loom mit schräger Anordnung – 3 Stifte in der Breite und 13 Stifte in der Länge (siehe Seite 10).

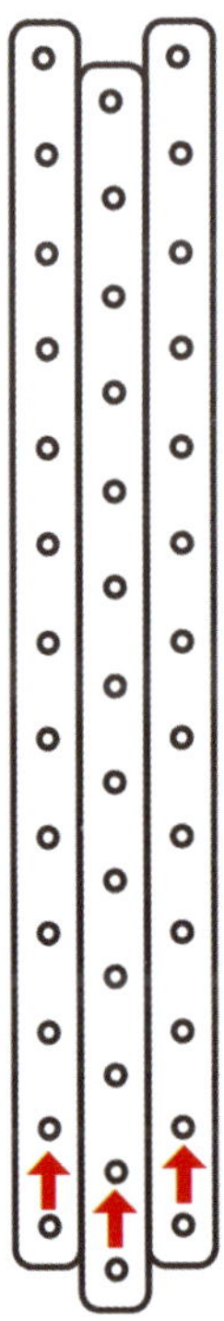

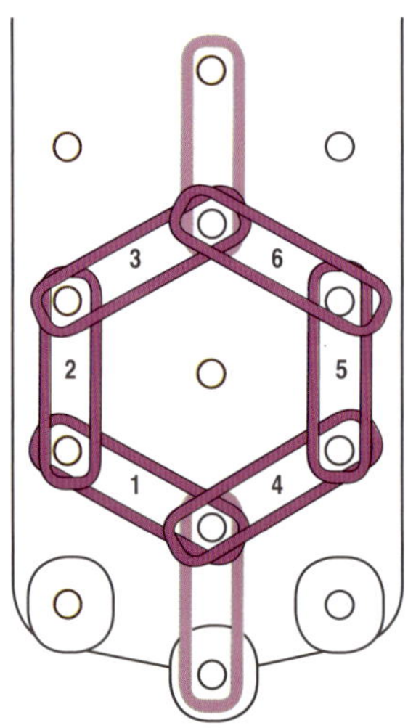

2 Dazwischen die übrigen lila Gummis in Sechseckform auslegen. Achte dabei genau auf die Reihenfolge. Sie ist in der Zeichnung angegeben.

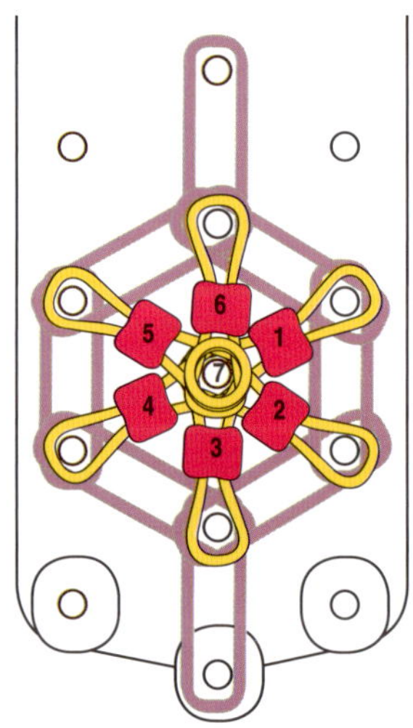

3 Durch jede rosa Glitzerperle ein gelbes Gummi fädeln (ein gelbes Gummi bleibt übrig). Die Gummis mit den Perlen von den Spitzen des Sechsecks zur Mitte legen. Wieder die Reihenfolge beachten. Das restliche gelbe Gummi als Abschluss viermal um den Stift in der Mitte des Sechsecks wickeln.

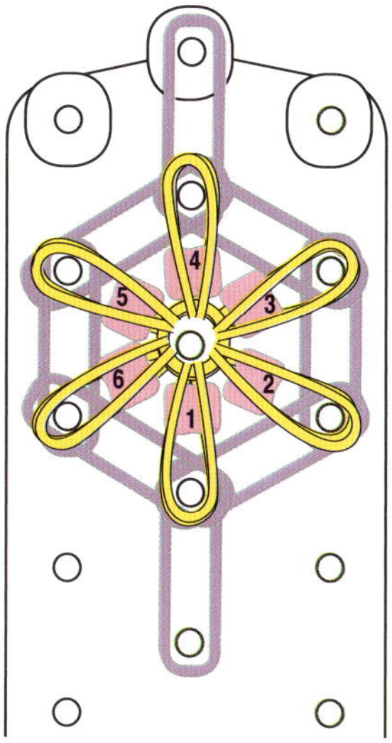

4 Den Loom umdrehen. Das spitze Ende zeigt nun von dir weg. Am Stift in der Mitte des Sechsecks beginnen. Mit der Häkelnadel das obere gelbe Gummi unter dem Abschlussgummi anheben und über seinen Gegenstift legen. Ringsherum in der gezeigten Reihenfolge wiederholen.

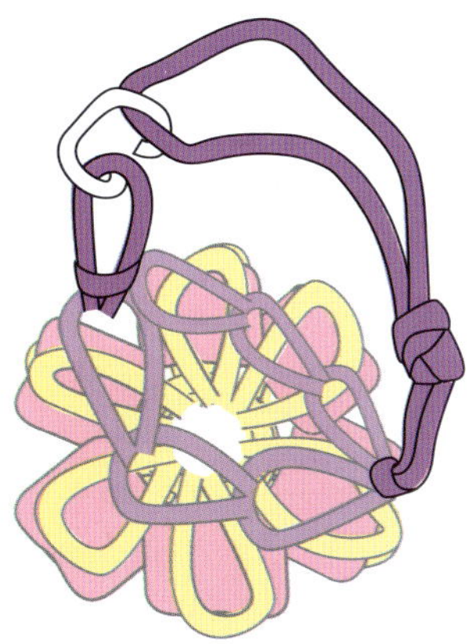

5 Nun – wieder in der gezeigten Reihenfolge – die lila Gummis am Rand des Sechsecks über ihre Gegenstifte legen.

6 Einen C-Clip in die beiden unteren Schlaufen einhängen. Die Häkelnadel in die beiden oberen Schlaufen stecken und die Blume vorsichtig vom Loom nehmen.

7 Ein lila Gummi zur Hälfte durch die beiden Schlaufen auf der Häkelnadel ziehen. Ein Ende dieses Gummis durch das andere holen und festziehen. Dann dieses Gummi in den C-Clip einhängen – fertig ist der Ring.

Das Armband knüpfen

SCHWIERIGKEITSGRAD

✻✻

Du brauchst

- Loom
- 25 lila Gummis
- 7 gelbe Glitzergummis
- 6 rosa Glitzerperlen
- Häkelnadel
- C-Clip

DER LOOM

Du brauchst einen Loom mit schräger Anordnung – 3 Stifte in der Breite und 13 Stifte in der Länge (siehe Seite 10).

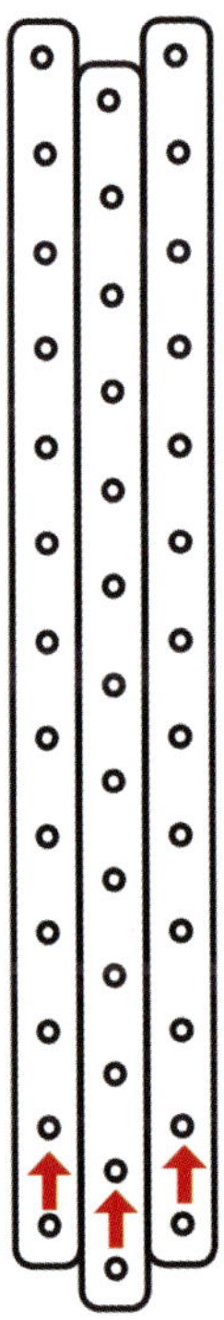

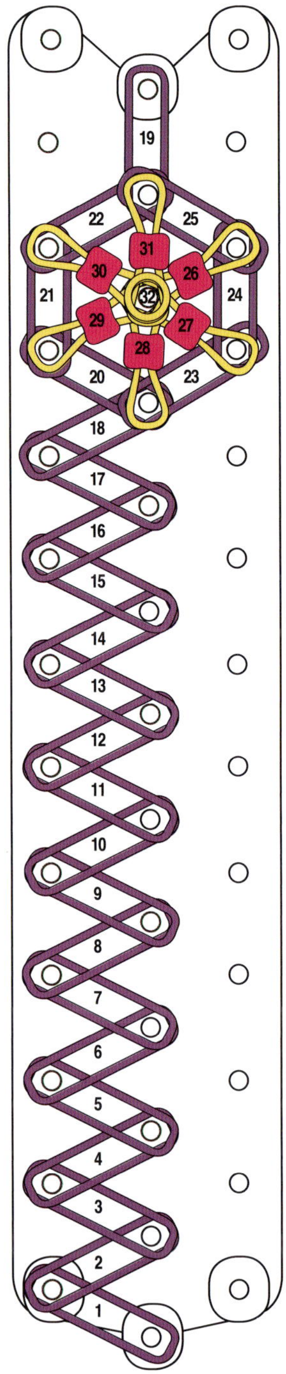

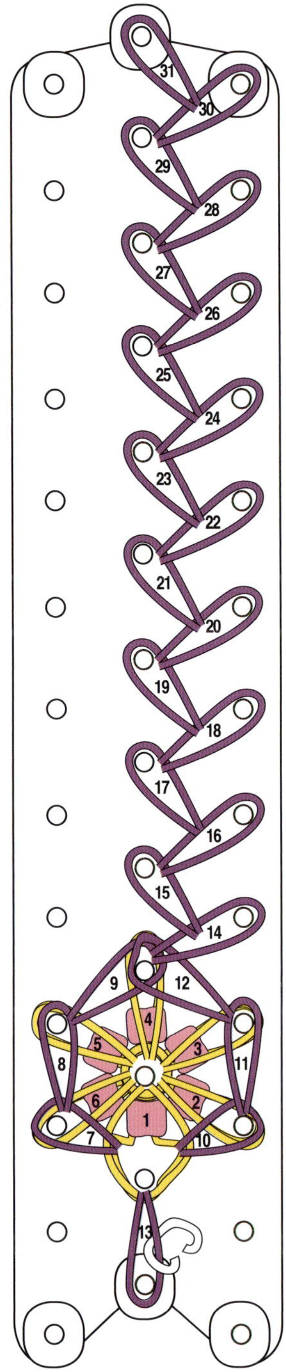

1 Das spitze Ende des Looms zeigt zu dir. Die Perlen auffädeln und die Gummis wie in Schritt 1 bis 3 für die Blume auslegen. Eine Zickzackreihe aus Gummis bildet das eigentliche Armband.

2 Den Loom umdrehen. Das spitze Ende zeigt nun von dir weg. Die Gummis in der gezeigten Reihenfolge über ihre Gegenstifte legen. In die beiden unteren Schlaufen einen C-Clip einhängen.

3 Mit der Häkelnadel in die Schlaufen auf dem obersten Stift stechen. Das Armband vorsichtig vom Loom nehmen, aber an der Häkelnadel lassen. Die Schlaufen von der Häkelnadel in den C-Clip am anderen Ende des Armband einhaken.

Das perfekte Geschenk für Hundeliebhaber! Der kleine Hund ist eins der schwierigsten Projekte in diesem Buch, aber die Mühe lohnt sich.

Pudel-Anhänger

SCHWIERIGKEITSGRAD
✻✻✻

Du brauchst

Loom

67 weiße Gummis

28 rosa Gummis

3 schwarze Gummis

3 Häkelnadeln

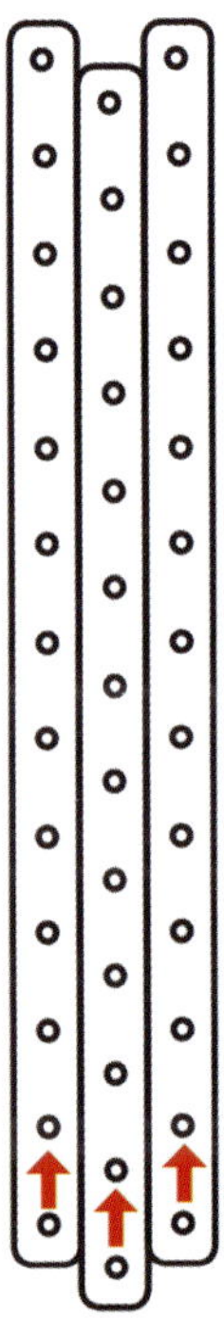

DER LOOM

Du brauchst einen Loom mit schräger Anordnung – 3 Stifte in der Breite und 13 Stifte in der Länge (siehe Seite 10).

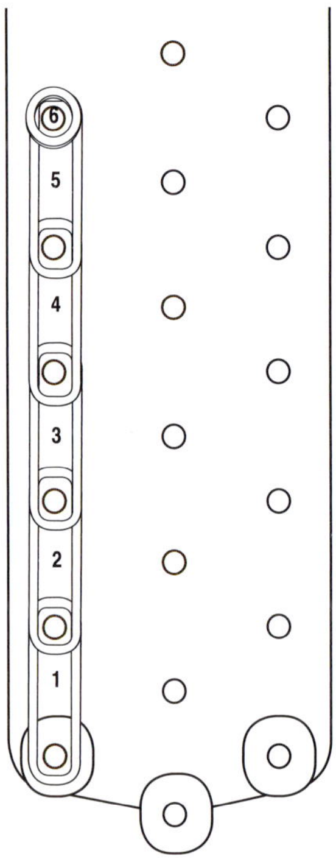

1 Zuerst die Beine knüpfen. Das spitze Ende des Looms zeigt zu dir. Fünf weiße Gummis doppelt nehmen und in der gezeigten Reihenfolge auf die Stifte legen. Ein weißes Band als Abschlussgummi viermal um den letzten Stift wickeln.

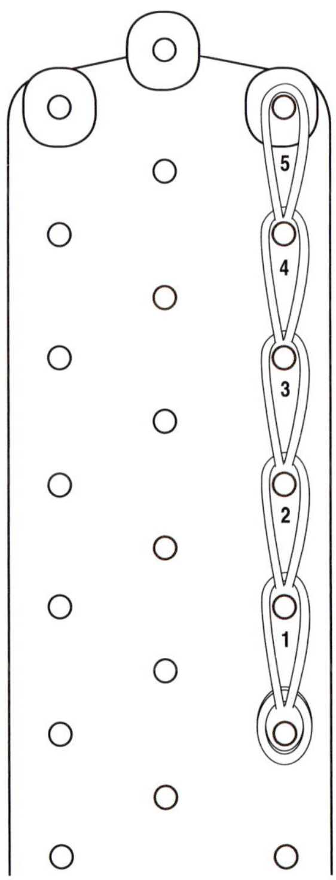

2 Den Loom umdrehen. Das spitze Ende zeigt nun von dir weg. Mit der Häkelnadel das weiße Gummi unter dem Abschlussgummi anheben und über seinen Gegenstift heben. Bis zum Ende des Looms wiederholen.

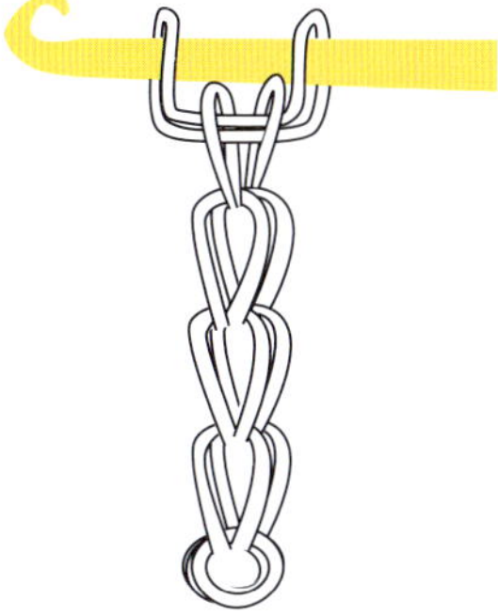

3 Mit der Häkelnadel in das Gummi auf dem oberen Stift einstechen. Das Bein vom Loom nehmen, aber auf der Häkelnadel lassen. Ein weiteres Bein mit der zweiten Häkelnadel ebenso knüpfen.

4 Den Loom wieder so legen, dass sein spitzes Ende von dir weg zeigt. Immer zwei Gummis um ein Stiftpaar legen. Die Reihenfolge und die Farben siehst du auf der Abbildung. Jeden der unteren Stifte viermal mit einem weißen Band umwickeln (Abschlussgummi).

5 Ein schwarzes Gummi viermal um die Häkelnadel wickeln. Ein doppelt genommenes schwarzes Gummi mit der dritten Häkelnadel zur Hälfte durchziehen (siehe Seite 15).

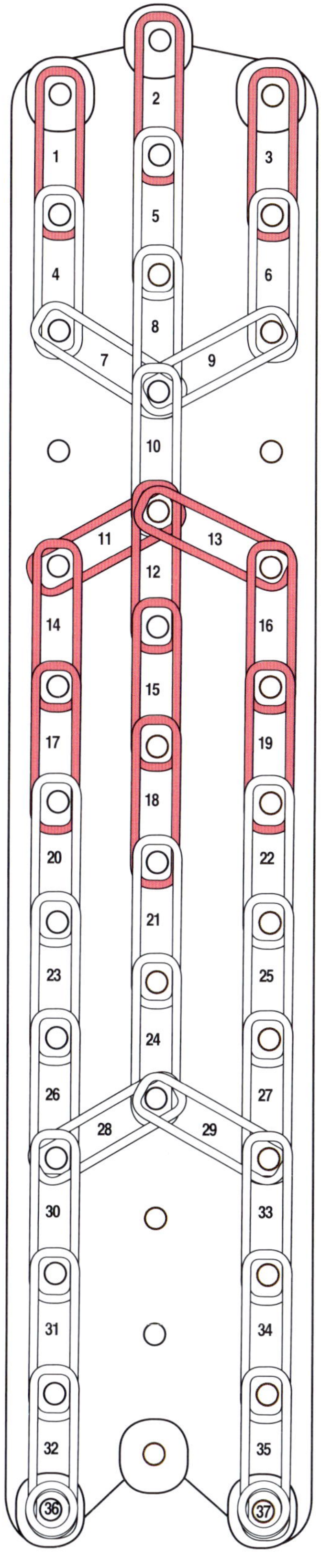

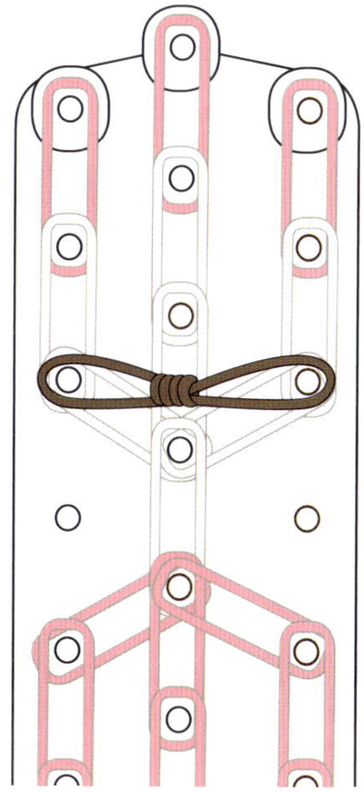

6 Die schwarzen Gummis drei Reihen unter dem oberen Ende wie auf der Zeichnung auf die Stifte legen.

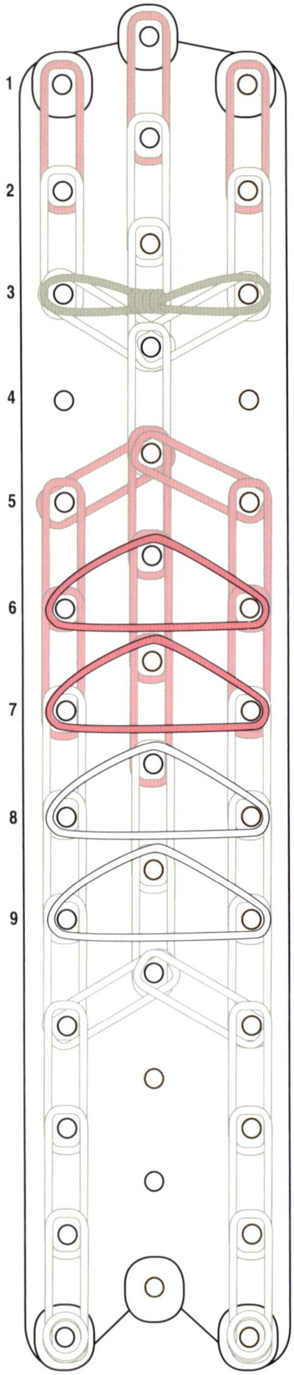

7 Einfache rosa Bänder in Dreiecksform über die Reihen 6 und 7 legen. Doppelt genommene weiße Bänder ebenso über Reihen 8 und 9 legen.

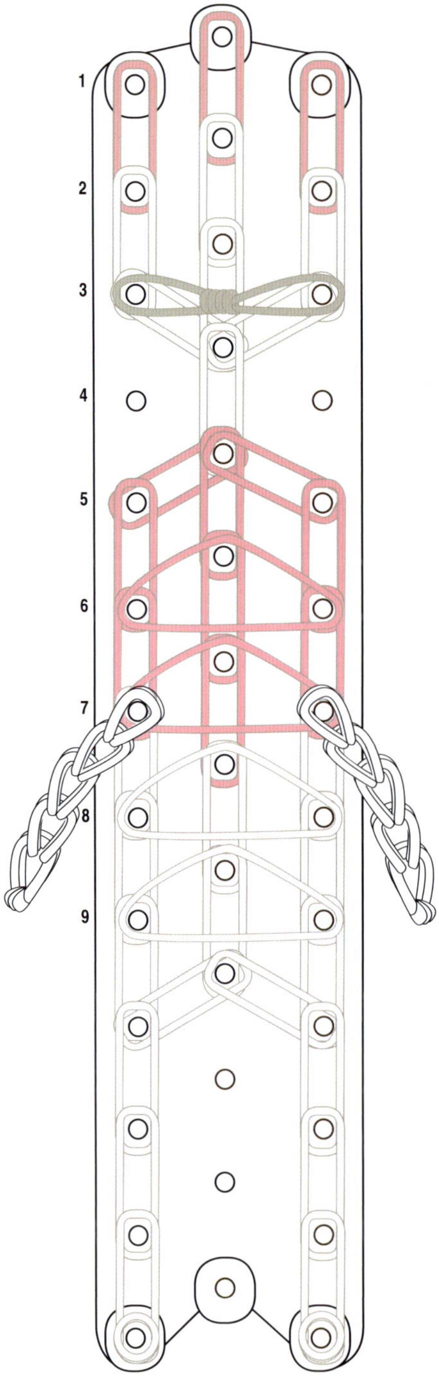

8 Die Beine aus Schritt 1 bis 3 an die äußeren Stifte in Reihe 7 hängen.

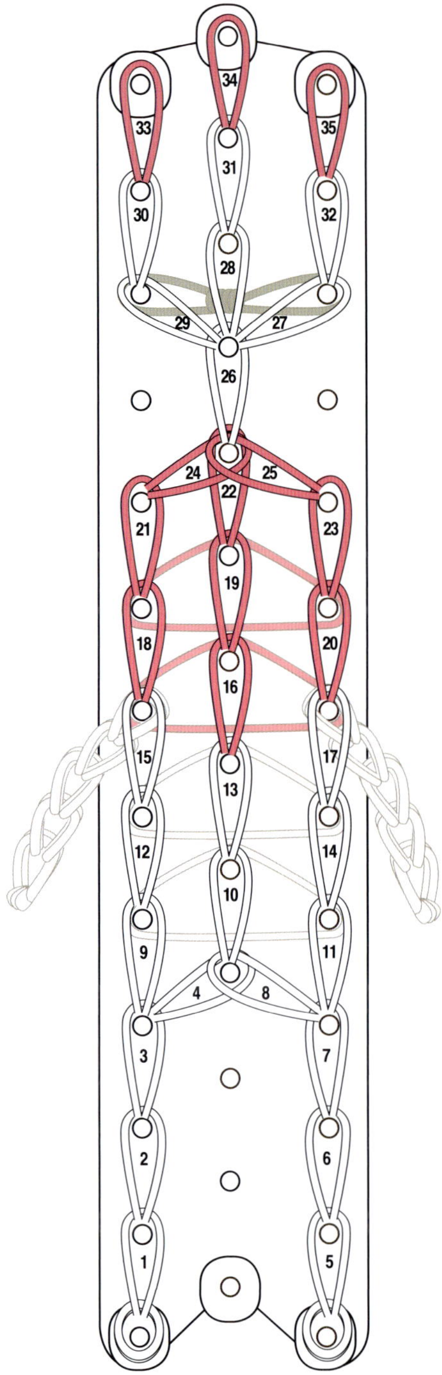

9 Nun die Gummis über ihre Gegenstifte heben. Am unteren linken Stift beginnen und die gezeigte Reihenfolge einhalten.

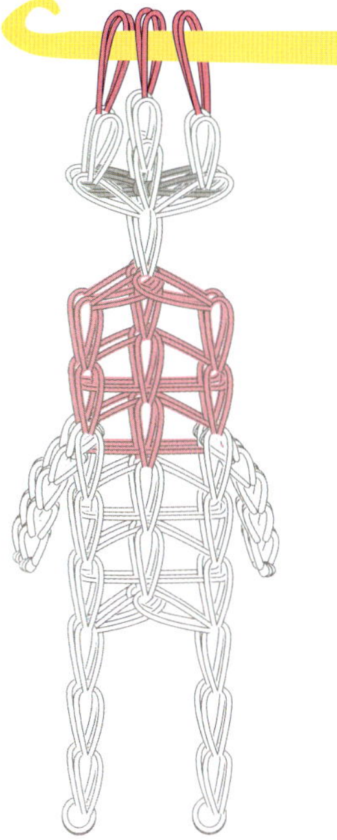

10 Die Häkelnadel in die Schlaufen auf den oberen drei Stiften einstechen. Den Pudel vom Loom nehmen, aber auf der Häkelnadel lassen. Ein rosa Gummi durch die Schlaufen auf der Häkelnadel ziehen. Ein Ende der Schlaufe durch das andere holen, dann gut festziehen. Die Beine so in Form zupfen, dass der Pudel gut steht.

11 In die Mitte eines schwarzen Gummis einen Knoten binden. Die Häkelnadel hinter den beiden Schlaufen in der Mitte des Hinterkopfs durchschieben und das schwarze Band zur Hälfte durchziehen.

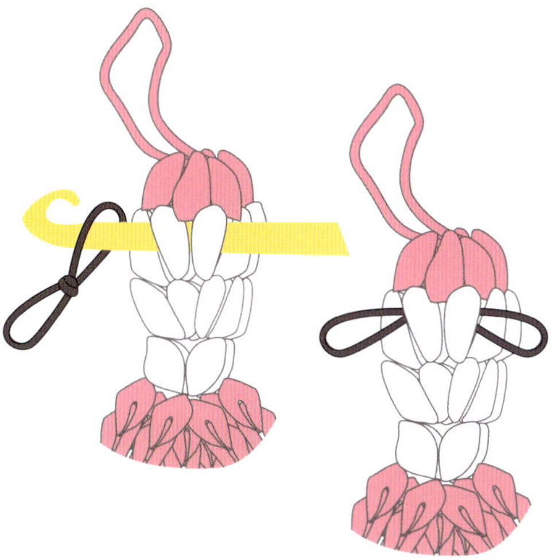

12 Nun die Schlaufen mit der Häkelnadel zur Vorderseite durchziehen. Das sind die Augen.

13 Ein rosa Gummi viermal um die Häkelnadel wickeln. Ein weißes Gummi zur Hälfte durchziehen. Ein Ende des weißen Gummis durch das andere holen und festziehen. Drei dieser Formen vorbereiten: zwei Ohren und einen Schwanz.

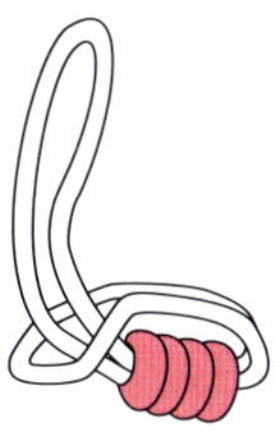

14 Mit der Häkelnadel dort einstechen, wo ein Ohr oder der Schwanz sitzen soll. Die längere weiße Schlaufe durchziehen, über die rosa Wicklung legen und gut festziehen.

Mini-Tasche

Wenn dir Armbänder und Anhänger gelingen, könntest du dich an etwas Größeres wagen – vielleicht eine kleine Tasche für deine Schätze?

SCHWIERIGKEITSGRAD
✻ ✻ ✻

Du brauchst

Loom

400 blaue Gummis

350 lila Gummis

Häkelnadel

DER LOOM

Der Loom muss mindestens 12 Stifte lang sein. Er wird waagerecht auf den Tisch gelegt, die Pfeilspitze zeigt nach rechts. Du brauchst nur eine Reihe von Stiften. Benutze trotzdem lieber einen Loom mit drei Reihen, weil er beim Knüpfen nicht so leicht umfällt.

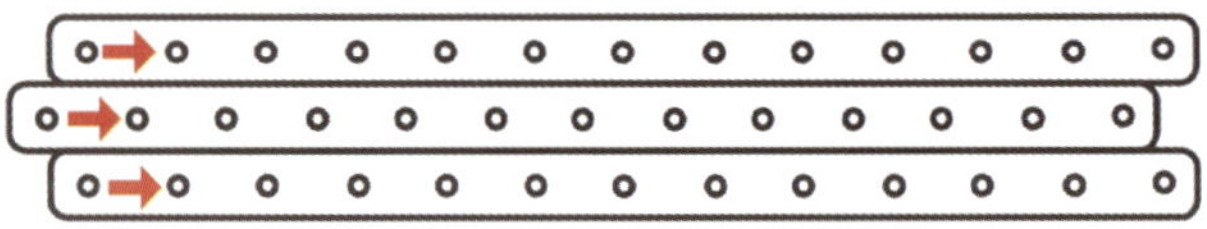

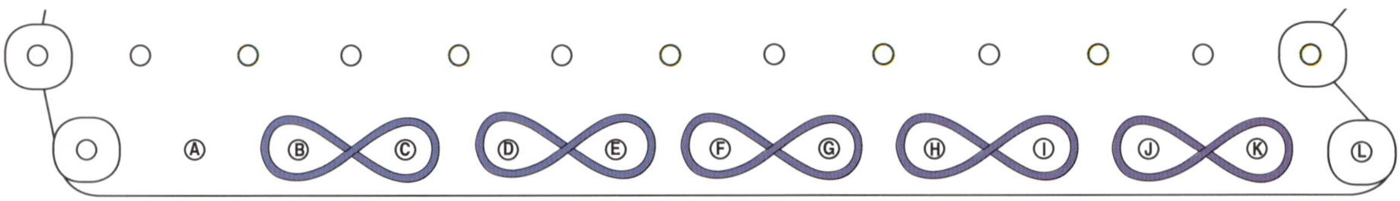

1 Zwei lila Gummis zur 8 drehen und über die Stifte B und C legen. Auch über die Stifte D und E, F und G, H und I, und J und K solche Achten aus zwei lila Gummis legen.

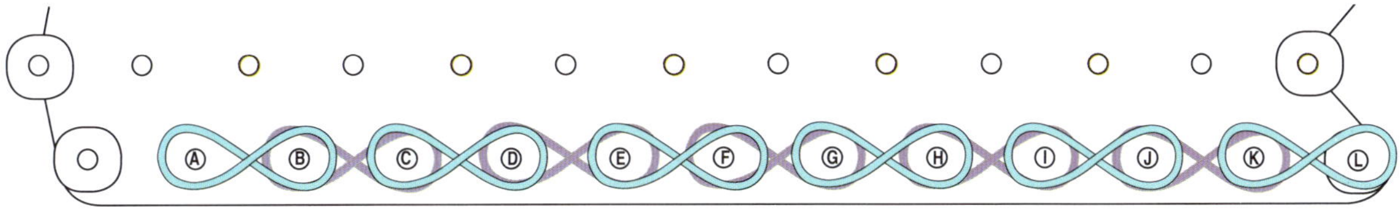

2 Zwei blaue Gummis zur 8 drehen und über die Stifte A und B legen. Mit den Stiften C und D, E und F, G und H, I und J, und K und L wiederholen.

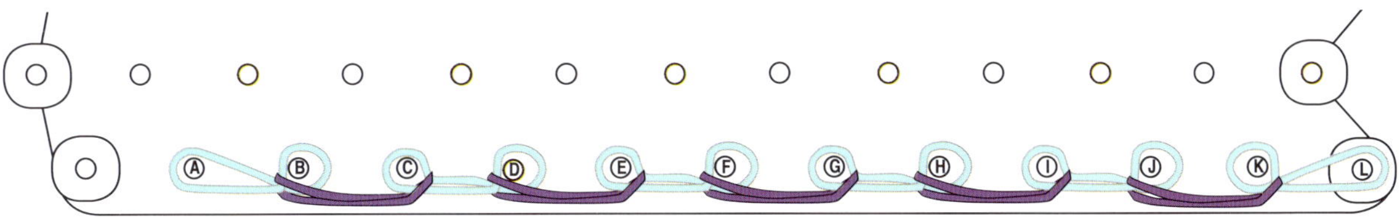

3 Bei Stift B beginnen. Die beiden unteren lila Gummis mit der Häkelnadel anheben und über Stift B nach vorn heben (wie in Schritt 3 beim Drachenschuppen-Armband auf Seite 52). Die restlichen lila Gummis von Stift C bis K ebenso abhäkeln.

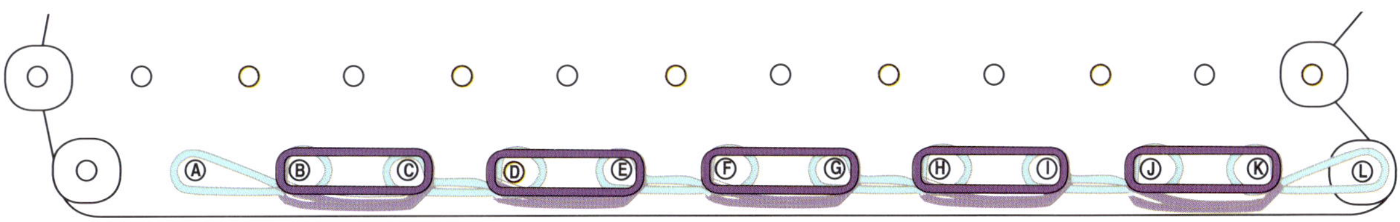

4 Nun über alle Stiftpaare, über die in Schritt 1 gedrehte lila Gummis gelegt wurden, je zwei lila Gummis legen – jetzt aber nicht gedreht. Bei Stift B beginnen. Die beiden unteren blauen Gummis mit der Häkelnadel anheben und über Stift B nach vorn heben. Die restlichen blauen Gummis von Stift C bis K ebenso abhäkeln.

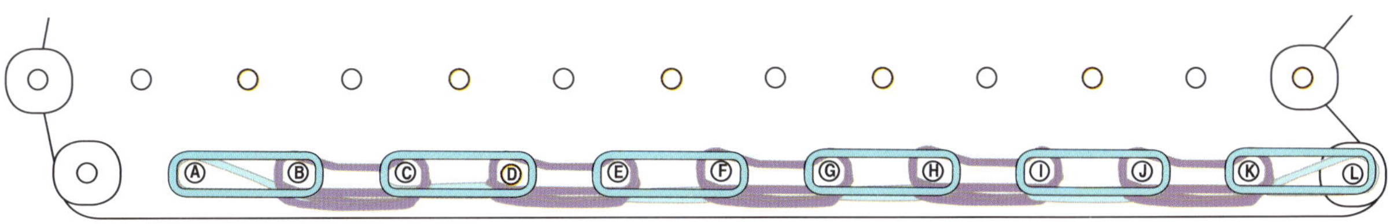

5 Über alle Stiftpaare, über die in Schritt 2 blaue Gummis gelegt wurden, nun wieder zwei blaue Gummis legen – aber ohne sie zu drehen. Bei Stift A beginnen. Die beiden unteren blauen Gummis mit der Häkelnadel anheben und über Stift A nach vorn heben. Die restlichen lila Gummis von Stift B bis K ebenso abhäkeln. Die beiden unteren blauen Gummis auf Stift L ebenso nach vorn heben.

6 Schritt 4 und 5 noch 27-mal wiederholen.

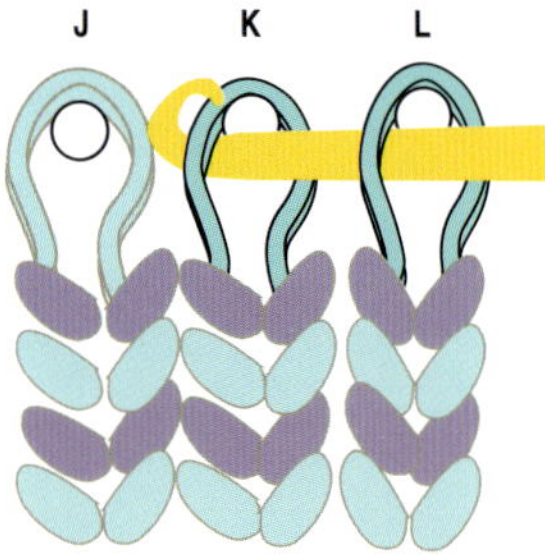

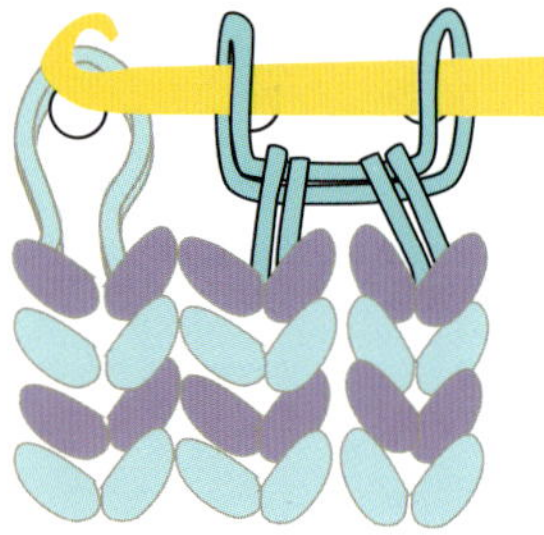

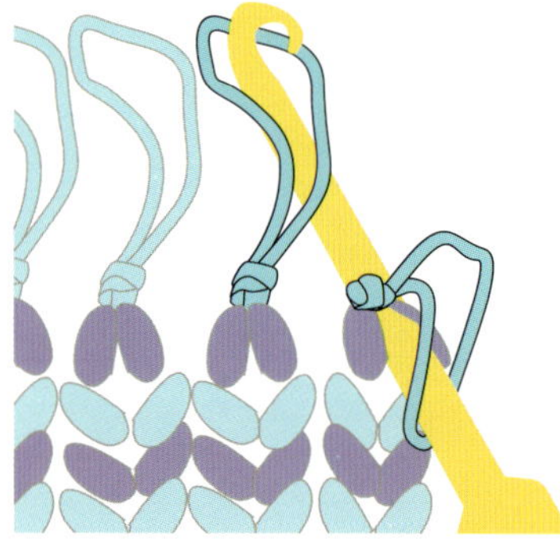

7 Nun mit der Häkelnadel in die Schlaufen von Stift K und L einstechen. Diese Schlaufen vom Loom nehmen.

8 Ein blaues Gummi durch die beiden oberen rechten Schlaufen auf der Häkelnadel ziehen. Ein Ende des blauen Gummis durch das andere fädeln und zum Sichern festziehen.

9 Schritt 8 bis zum Ende des Looms wiederholen.

10 Wieder auf der rechten Seite beginnen. Die Sicherungsschlaufe auf die Häkelnadel nehmen. Dann mit der Häkelnadel in die vier Schlaufen einstechen, die von ihr zusammengehalten werden. Mit der Häkelnadel die nächste Sicherungsschlaufe erfassen und durch alle Schlaufen auf der Nadel ziehen.

11 Schritt 10 bis zum Ende der Reihe wiederholen. Den Wechsel aus Durchholen und Festziehen mit der letzten Schlaufe dreimal wiederholen, damit sie zuverlässig hält.

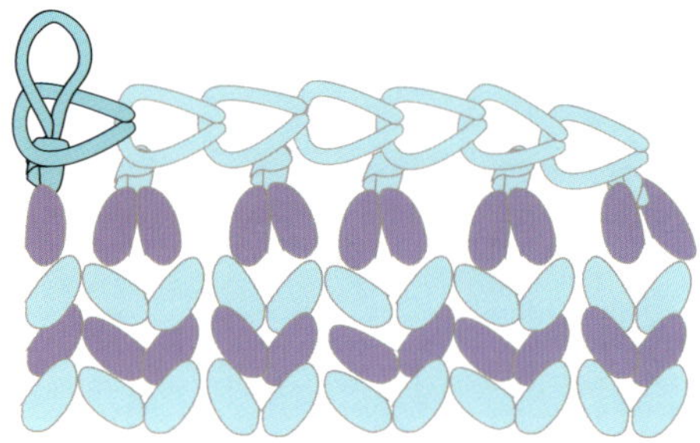

12 Die unteren 10 cm der Tasche nach oben falten. So stehen noch 6 cm für die Klappe über.

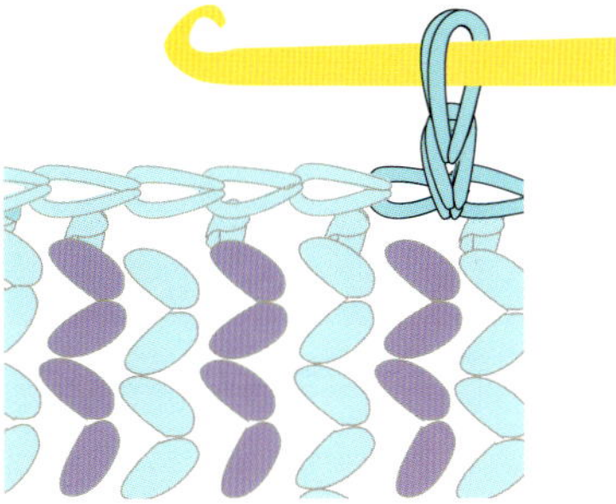

13 Mit der Häkelnadel in die seitlichen Schlaufen des umgeschlagenen Teils einstechen und zwei Gummis auf die Nadel legen. Diese Gummis durch die Schlaufen ziehen, dann ein Ende der Gummis durch die anderen holen.

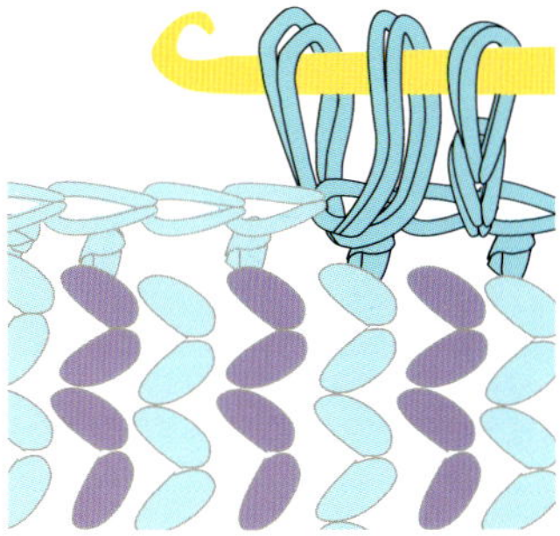

14 Mit der Häkelnadel (auf der ein Schlaufenpaar liegt) in die beiden nächsten Schlaufen an der Seite einstechen. Wieder zwei Gummis mit der Nadel erfassen und durchziehen. Jetzt liegen drei Schlaufenpaare auf der Häkelnadel.

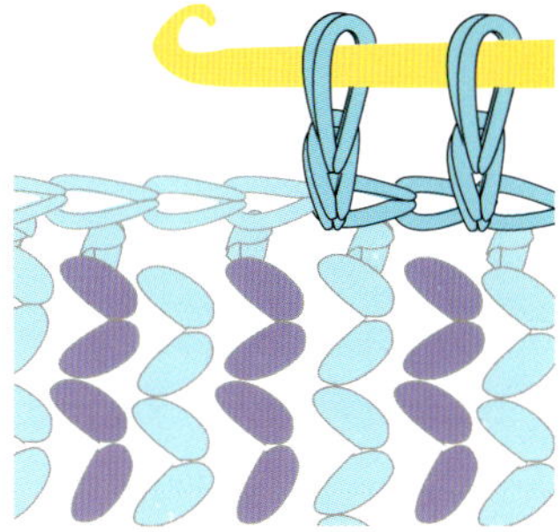

15 Das Schlaufenpaar, das an der Spitze der Nadel liegt, durch die beiden anderen Paare holen und festziehen. Nun liegen zwei Schlaufenpaare auf der Nadel.

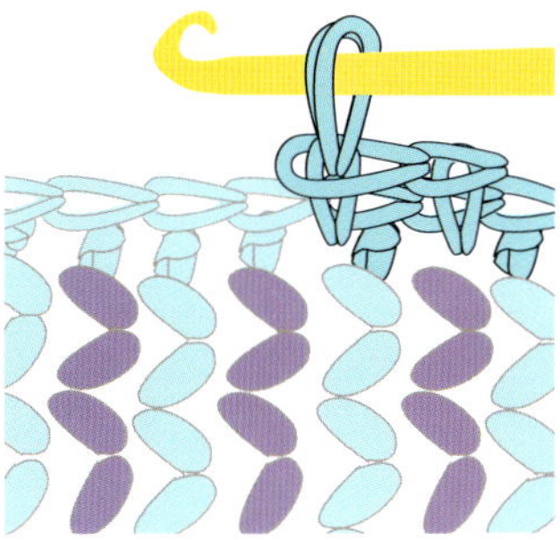

16 Das Schlaufenpaar an der Nadelspitze durch das andere Paar ziehen. Nun liegt ein Schlaufenpaar auf der Nadel.

17 Schritt 14 bis 16 bis zum Ende der Kante wiederholen. Mit der Häkelnadel in diese Seitennaht einstechen und die letzte Schlaufe in die Naht ziehen, um sie zu verstecken. Auf der anderen Seite wiederholen.

18 Für den Griff am oberen Ende einer Seite 30 lila Gummis wie für eine Verlängerung zusammenhäkeln (siehe Seite 15).

19 Wenn der Griff lang genug ist, mit der Häkelnadel in die Schlaufen auf der anderen Seite der Tasche einstechen. Ein einzelnes Gummi durch die Taschenkante und die Schlaufe auf der Nadel ziehen, dann ein Ende durch das andere holen und die Schlaufe gut festziehen. Auch diese Schlaufe in der Naht verstecken.

Uhren-Armband

Du hast schon mehrere Armbänder und bist auf der Suche nach einer neuen Idee? Wie wäre es mit einem Uhrenarmband aus Gummibändern? Dieses bunte Modell sieht richtig fröhlich aus.

SCHWIERIGKEITSGRAD
✻✻

Du brauchst

Loom

32 gelbe Gummis

12 orange Gummis

12 lila Gummis

14 türkise Gummis

2 Häkelnadeln

Armbanduhr (ohne Armband)

C-Clip

DER LOOM

Du brauchst einen Loom mit schräger Anordnung – 3 Stifte in der Breite und 13 Stifte in der Länge (siehe Seite 10).

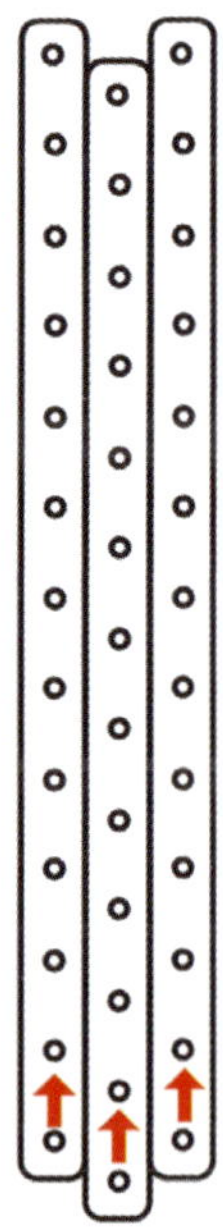

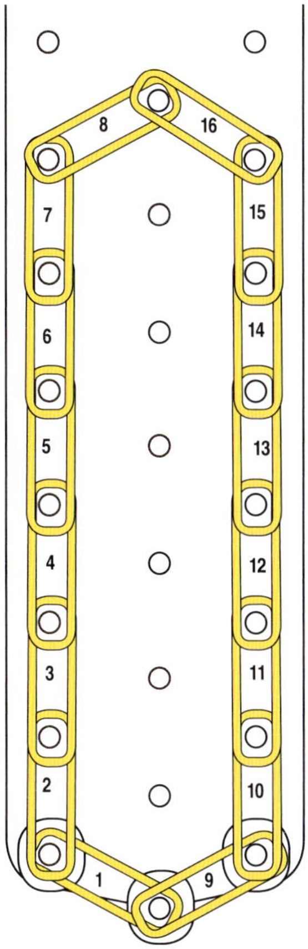

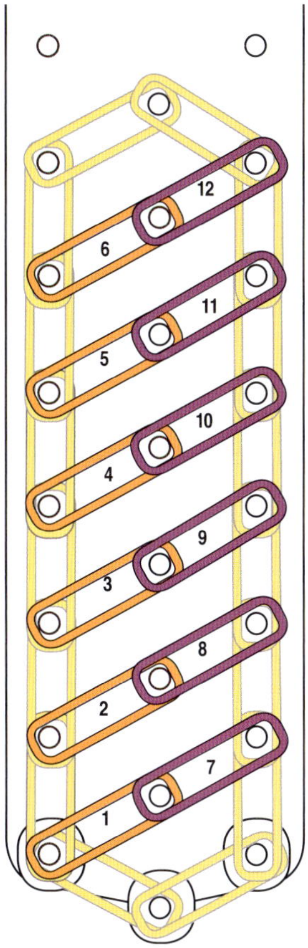

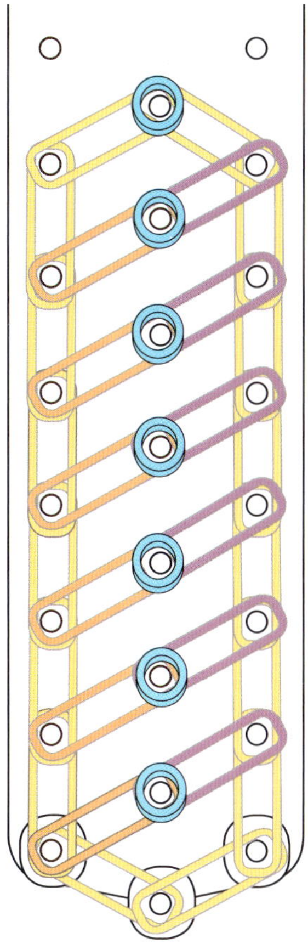

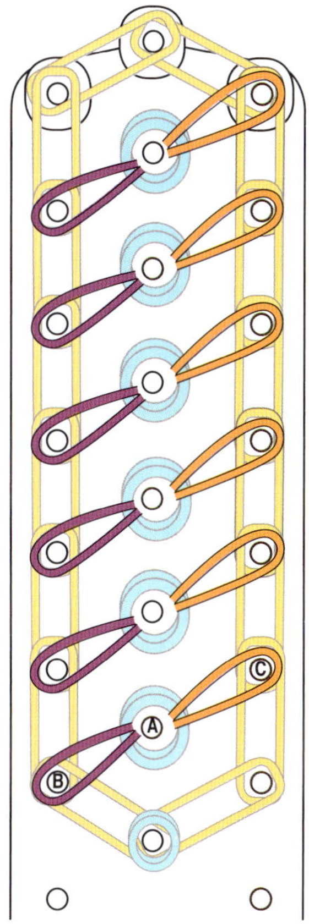

1 Das spitze Ende des Looms zeigt zu dir. 16 gelbe Gummis in der abgebildeten Reihenfolge auslegen.

2 Nun 6 orange Gummis schräg von den Stiften in der Mitte zu den Stiften auf der linken Seite des Looms legen. Auf der rechten Seite mit 6 lila Gummis wiederholen.

3 Um jeden Stift in der Mitte (außer dem untersten) einmal ein türkises Abschlussgummi wickeln.

4 Den Loom umdrehen. Das spitze Ende zeigt nun von dir weg. Mit der Häkelnadel am zweiten Stift in der unteren Mitte (Stift A) das lila Gummi anheben und über Stift B legen. Ebenso das orange Band von Stift A über Stift C legen. Bis zum Ende des Looms wiederholen.

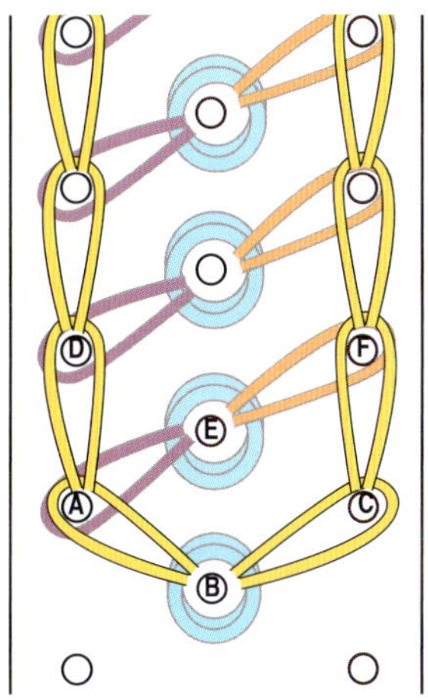

5 Wieder am unteren Ende des Looms beginnen. Alle gelben Gummis über ihre Gegenstifte legen – zuerst auf der linken Seite, dann auf der rechten. Also an Stift B das obere gelbe Gummi anheben und über Stift A legen, dann an Stift A das untere Gummi über Stift D legen und so weiter.

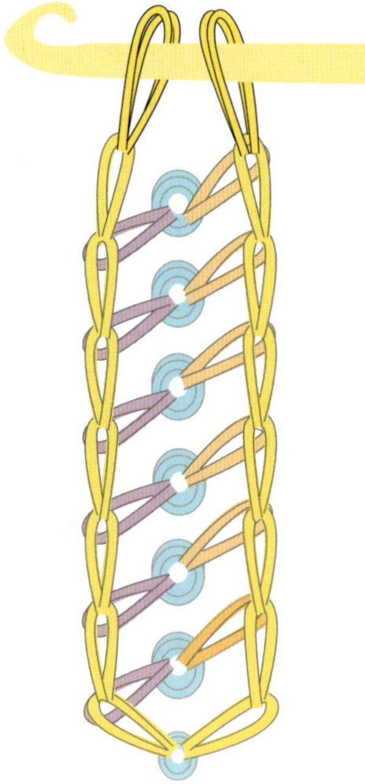

6 Alle Schlaufen vom oberen Stift auf die Häkelnadel nehmen. Das Band vorsichtig vom Loom nehmen, aber auf der Häkelnadel lassen. Zur Seite legen.

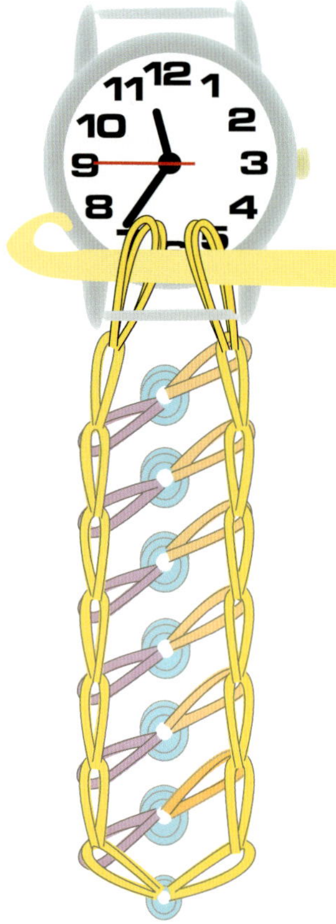

7 Für die zweite Hälfte des Armbands Schritt 1 bis 6 wiederholen.

8 Die vier Schlaufen auf der Häkelnadel durch den Schlitz am Rand der Uhr ziehen, danach wieder auf die Häkelnadel nehmen.

Tipp

Soll das Armband länger oder kürzer werden, verändere die Anzahl der Gummis, die du in Schritt 1 bis 3 auslegst. Wir haben acht Gummis verwendet. Für Papas Handgelenk brauchst du vielleicht zehn, für deine kleine Schwester möglicherweise nur fünf.

9 Das Armband durch die Schlaufen holen und gut festziehen.

10 Schritt 8 und 9 für den anderen Teil des Armbands wiederholen.

11 Die Schlaufen der Abschlussgummis an beiden Teilen des Armbands in einen C-Clip einhängen.